キャリア開発の産業・組織心理学ワークブック［第2版］

石橋里美 著 Satomi Ishibashi

Industrial and organizational psychology

ナカニシヤ出版

はじめに

　今後半世紀先，人口減少や経済のグローバル化，IT 化が一層進み，私たちの働く環境は大きな変化を遂げていることでしょう。経済産業省（2015）によると，頭脳労働の機械化や，感覚・機動性・知性が強化されたロボットによる人間活動の代替など，現在の常識を覆す技術が比較的近い将来に実現する可能性が報告されています。IoT（Internet of Things：センサーや機械類など"モノ"をインターネットに接続する技術）の各産業への浸透は深化し，随所で新たなビジネスモデルを輩出するようになり，従来浸透していなかった製造業を含め，すべての産業において，既存のビジネスモデルや産業構造の大変革が不可避になることが指摘されています。

　また同報告では，人口減少と長寿化による職業人生期間の長期化が予測されています。中長期的な人口減少により，2060 年には人口が約 4,000 万人減少し，高齢化率は約 4 割に達するとされています。出生率の改善を図ったとしても 2090 年までは人口減少トレンドは継続すると見込まれています。平均寿命は増加傾向が続いており（約 40 年で 10 年の伸び），肉体的若返りも進んでいます（歩行速度は 10 年で 10 歳程度若返っている）。このため，女性のみならず高齢者も含めた全員参加型で働く必要があり，個々人の職業人生の期間が長期化していく方向にあることが指摘されています。

　このように社会が急速に変化していく中で，希望をもち，意欲と能力を十分に発揮して働き，生きていくためには，変化し続ける社会，組織，職場，仕事に対応，適応し続ける力が必要です。

　本書は産業・組織心理学の観点から，社会で働き生きていくために必要な知識を習得し，対応する力を高めることをねらいとします。産業・組織心理学は，産業活動に取り組む人や，組織で働くことに関する心理学の分野です。研究領域は幅広く，日本の産業・組織心理学会では，人事部門・組織行動部門・作業部門・市場部門の，4 部門に分類しています。本書では人事部門，組織行動部門の中から，社会人として生きていくために必要となる力に関する基本的テーマとして「自立」「モチベーション」「リーダーシップ」「職場のメンタルヘルスとストレス対処」「キャリア」の理論・学説を取り上げています。いずれも「働き方・生き方への主体性（どのように働いていくのか，生きていくのか）と，積極的なはたらきかけ（どのように仕事・組織に働きかけていくのか）」を自分自身に問いながら学んでいく分野です。本書のワークで楽しく体験しながら学びを深めることができます。

　本書初版が発行され 3 年が過ぎました。「大学から仕事（職場組織）への橋渡し」を企図したテキストとして大学等教育機関での産業・組織心理学分野，キャリア教育科目で活用いただくようになりました。また，大学生だけでなく，職場のモチベーション・マネジメントや人材育成に携わるビジネスパーソンなど，現場で働く方々にも教材として活用いただくようになりました。研修や授業で本書を採用して学んだ方々からいただいたコメントの一部を紹介させていただきます。

- 学んだことをセルフ・マネジメントと職場のモチベーション・マネジメントに生かしたいと思います。(40代会社員，男性)
- ワークを通して自己理解が深まりました。これからどのように働いていきたいのか，会社の中で自分を生かしていけばよいのかを考えるきっかけになりました。(30代会社員，女性)
- やりたいと思う職業がなんとなくあったが，この授業をきっかけにやる気がでて，絶対なってやろうと思い始めた。自分のモチベーションを自分なりに維持させる方法を得たのでこれから試していく。(大学2年生，男子)
- リーダーシップをとるための考え方が分かった気がする。ストレスにどう対処すればよいのかをよく考えられるようになった。ワークで他者と意見交換することにより，考え方の違いも分かり，ためになった。(大学2年生，男子)
- 今までリーダーの役割から逃げてきたが，授業を通して自分にもリーダーシップがとれるような気がするようになった。チャンスがあったら挑戦しようと思っている。(大学3年生，男子)
- 10年後に教科書のワークをもう一度やってみたい。不安だった自分の将来が少し楽しみに変わってきた。(大学1年生，女子)
- 今の自分や将来に向けてやらなければならないことがよく分かりました。(大学1年生，男子)
- はじめて自分自身の「自立」について深く考えることができた。大学生活を充実させたい。(大学2年生，女子)

　本書の内容は，高等教育機関での産業・組織心理学分野の科目，キャリア教育，初年次教育などの教科書としての活用のみならず，就職支援やビジネス教養のためのワークショップ，企業内研修などのサブテキスト，ワークブックとしても活用いただける形式になっています。第2版は新たに，働く人が自分の所属する組織に適応することだけでなく，変化し続ける社会や組織に適応して生きていくことを考えていただくための内容，ワークを取り入れました。本書を皆さんの能力開発やキャリア形成のきっかけにしていただければ幸いです。

　本書への想いをご理解いただき，出版を快諾してくださったナカニシヤ出版編集長の宍倉由高様，編集を担当してくださった山本あかね様に心より感謝致します。

　最後になりますが，今回の執筆に懇切丁寧なご教示をいただきました，信州大学名誉教授・福島学院大学福祉心理学部教授内藤哲雄先生，東京未来大学モチベーション行動科学部学部長角山剛先生，白梅学園短期大学名誉教授林潔先生に心よりお礼申し上げます。

目　次

はじめに　i

1　自立とは何かを考える・・・・・・・・・・・・・・・・1
1. 自立について　2
    - ワーク　自立した人のイメージ　2
    - ワーク　大学生の自立度チェック　6
2. 経済的自立　7
    - ワーク　あなたの命をはぐくむためのお金　9
3. 精神的・心理的自立　11
    - トピック　心の成長を考える　11
4. 社会的自立へ向けて：学校（大学）から職場に移行していくために必要となる能力　12
    - トピック　グローバル人材とは　16
    - トピック　創造性を伸ばそう！　収束的思考と拡散的思考　18
    - ワーク　自立への道しるべ　20

2　ワーク・モチベーション・・・・・・・・・・・・・・21
1. モチベーション（動機づけ）とは　21
    - ワーク　自分のやる気のもとを探ろう　22
2. 内発的動機づけと外発的動機づけ　25
    - ワーク　創造性を生み出す働き方を考える：ワクワク・活き活き働くためには　26
    - トピック　人は"怠け者"にはなれない？！　27
3. 組織における4つの人間モデル　28
    - ワーク　あなたが経営者（人事管理者・リーダー）になったとしたら……　29
4. ワーク・モチベーションに関する歴史的背景　30
    - トピック　産業・組織心理学はどのような"科学"なのか　31
5. ワーク・モチベーションの理論　32
    - ワーク　働く自分の姿をイメージする！：職務満足の測定　37
    - ワーク　今のあなたの"頑張り"はどこからやってくるのか：達成動機測定尺度　40
    - ワーク　えこひいきを排除する，リーダーの働きかけを考える　46

■ワーク　目標設定理論を活用しよう　50
◆トピック　ワーク・モチベーションを引き下げるもの　51
◆トピック　一日たった5分！　仕事の意欲にプラスの効果をもたらす方法　53

3　リーダーシップ　･･････････　55

1. リーダーシップとは　55
    ■ワーク　そのリーダーは"肩書き"に頼る方？　魅力的な方？　リーダーの影響力を分析する　57
    ■ワーク　リーダーの影響力を考える　59
2. 企業組織におけるリーダーシップ　61
    ◆トピック　管理職に求められる能力　63
3. リーダーシップ研究の歴史的変遷：1960年代までの研究の流れ　65
    ■ワーク　リーダーは何型か？　PM指導行動測定尺度　69
4. 状況適合アプローチ（1960年代後半-）　70
    ■ワーク　自分らしさを活かしたリーダーシップ・スタイルを考える　71
5. 変革型リーダーシップ研究（1980年前後-）　75
    ◆トピック　組織変革のターゲットとプロセス　76
6. 自己リーダーシップ理論：自分自身へのリーダーシップという考え方　77
7. リーダーの行動的能力の構成要素と自信の獲得　78

4　職場のストレスとメンタルヘルス　･･････････　81

1. ストレス　82
2. 媒介要因　83
    ■ワーク　A型傾向判別表　85
    ■ワーク　あなたの対処方略　86
    ◆トピック　実践！　自己コントロール：こんなこころの"くせ"はありませんか？　89
    ■ワーク　あなたの応援団を考える，あなたも誰かの応援団になる！　92
3. ストレスと生産性　94
4. ストレス研究の歴史的背景　94
5. 職場ストレスとメンタルヘルス対策　97
    ◆トピック　「いつもと違う」部下の把握と対応　101
    ◆トピック　VDT（Video Display Terminal）ストレスとコンピュータ依存　103
6. 職場のストレス研究の歴史的背景　105

◆ トピック　職場のストレス・セルフチェックとセルフケア　109
◆ トピック　職場環境改善のためのアクションチェックリスト　109
◆ トピック　こころと体のセルフケア　111

5　キャリアとキャリア・デザイン　　　　　　115

1. キャリアとは　115
   ■ ワーク　「いい人生だった！」と思えるキャリアの歩み　118
2. キャリア発達の理論　119
   ■ ワーク　自分のキャリア・アンカーの"基"を探る第一歩　125
   ■ ワーク　私の人生のトランジション　127
   ◆ トピック　移りゆく季節をどう過ごしたいですか？　130
   ◆ トピック　人は何のために働くのでしょうか：労働価値観尺度　131
3. 社会経済環境の変化を前提としたキャリアの学説　132
   ■ ワーク　柔軟に働き方・生き方を創造する！　環境変化適応力を高めるには　133
   ◆ トピック　"実りある想定外の出来事＝チャンス"をつくりだす行動　134
4. キャリア・デザイン　136
   ■ ワーク　ウォーミング・アップ　138
   ■ ワーク　自分の過去を振り返る　139
   ■ ワーク　現在の自分を知る　141
   ■ ワーク　あなたは何を基準にして仕事を選びますか？　仕事の価値観評価基準　143
   ◆ トピック　あなたの心の中にある4つの窓：「ジョハリの窓」を自己成長に活用しよう　144
   ■ ワーク　社会人基礎力自己チェック　145
   ■ ワーク　就業者の産業別・職業別の割合：データから現状を読み解く　152
   ■ ワーク　活力にあふれた仕事ぶり「ワーク・エンゲイジメント」の高い人の働き方を考える　156
   ◆ トピック　企業と学生のギャップ　158
   ■ ワーク　職業能力評価基準を活用しよう　161
   ◆ トピック　アンペイドワーク「見えない仕事」を考える　162
   ■ ワーク　自分の未来をデザインする　163
   ◆ トピック　問題・課題解決のスキルを磨こう　170

文　献　173
索　引　181

自立とは何かを考える

　この章では，社会の中で幸福感や生きがいをもち，自分らしく生きていくために必要となる行動習慣や能力について「自立」をキーワードに掘り下げて考えます。
　まず，エリクソン（Erikson, E. H.），ギリガン（Gilligan, C.）の言葉を引用します。

> 　人は青年期に至って初めて，自らの帰属すべき共同体を選ぶ。人は自らがその一員として生きてゆく社会（国家・民族・職業集団・言語共同体…）を必要とする。一人では生きてゆくことができない。何らかの共同体の中に自らを位置づけ，共同体からも位置づけてもらうことによって，初めて「自分」となる。ということは，人は自分一人では「自分」になることができない。　　　　　　　　　　　　　　　　　　　　（Erikson, 1959 ／邦訳 2011）

> 　私たちが他人と関わって生きている限りにおいてのみ，私たちは自分自身が他人から独立した存在であることを知るということ，また他人と自分とを区別する限りにおいてのみ，私たちは真の人間関係を経験することができる。　　　（Gilligan, 1982 ／邦訳 1986）

　社会人として，よりよい人生を歩んでいくためには，自分と社会や周囲の人々との関わりにおいて「自立」を考えていくことが大切です。
　学習の到達目標は2つです。1つ目は，「自立」とはいかなることなのかを理解し，「一人立ち」「一人前」になるための自分自身の課題を明確にすることです。
　2つ目は，学校（大学）から社会・職業の世界にシフトしていくために必要となる行動習慣や能力を理解し，そのための準備を日常生活での行動に落とし込み，開始できるようになることです。

1. 自立について[1]

自立した人のイメージ　ワーク

「自立した人」とは，どのような状態・特徴をもつ人だと思いますか。
あなたがイメージする「自立した人」について 10 項目まで，自由に表して，話し合ってみましょう。

「自立した人」のイメージ（状態や特徴など）
1
2
3
4
5
6
7
8
9
10

【記入日：　　　年　　月　　日】

---

1)「自立」と同じような意味をもつ言葉は「独立，自律，一本立ち，一人立ち，自助，一人前」などがあります。自立できていないことを意味している言葉には「パラサイト・シングル」「ニート」「ひきこもり」などがあります。

(1) 自立の4領域：「身辺生活の自立」「経済的自立」「精神的・心理的自立」「社会的自立」

　図 1-1 に示したように「自立」は大別すると「身辺生活の自立」「経済的自立」「精神的・心理的自立」「社会的自立」の4つの領域に分けて捉えられます。

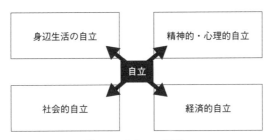

図 1-1　自立の4領域

　①**身辺生活の自立**：生きるための基本的な生活習慣を確立することです。乳幼児期を通して獲得していく「排せつ，食事，清潔」，さらに成人するまでに生活者として身につけていく「料理，掃除，洗濯」など衣食住に関わる基本的スキルが含まれます。
　②**経済的自立**：自分が生活していくのに必要な収入を自分で働いて稼ぎ出す能力のことです。経済力，コミュニケーション能力，ビジネスマナー，資格取得，職業人意識等の就職基礎能力（厚生労働省，2004）を含んでいます。
　③**精神的・心理的自立**：自分らしく生きること（自己実現）や自分の課題を解決していく力のことです。
　④**社会的自立**：「自分のことは自分で」というだけではなく，職場，家庭，地域社会などの所属する集団や組織から与えられた役割を果たし，「他者のため」に貢献できる能力を備えた状態です。社会人として完全に自立するための最終的な高度な自立です。

(2) 自立と依存：自立している人＝上手に他者に"依存"できる人

　自分よりも力の強い他者に頼り，自分の欲求を満たそうとする傾向や，他者の援助を求める行動傾向のことを「依存性」（dependency）[2]と言います。
　「依存性」は自立性と対になる概念ではないことが様々な研究から明らかにされています。最近の発達研究では，自立という現象は依存の変形または成熟した状態という考え方がとられるようになっています。
　江口（1966）は，人の発達と依存対象の変化を以下のように説明しています（図 1-2）。

・発達するにつれて，依存の欲求は，特定の愛着対象（母，家族など）のみではなく，他の人々にも依存性を向けられるようになり，依存対象の数の増加と範囲の拡大がなされる。

---

[2] 依存性は生得的な（人間が生まれながらにもっている）ものだと考えられています。依存には，生理的満足における依存と心理的愛着における依存とがあります。

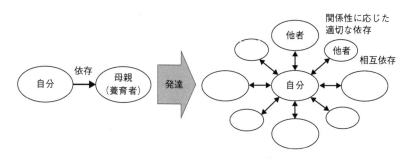

図 1-2　成長・発達による依存対象の変化

・依存の欲求は成長に伴い減少するのではなく，対象との関係によって多様化していく。

　自立した人とは，他者に頼らない独立心旺盛な人というよりもむしろ，適切な関係性での依存行動ができる人，望ましいかたちで，他者に援助を求めることができる人だといえます[3)][4)]。

(3) 自立の要件：青年期[5)]の自立に関する実証的研究からのヒント
●成人の自立観の研究

　福島（1997）は成人の自立観を男女別・年齢別に因子分析[6)]し，共通した構造として7つの因子を見出しました。表1-1に示したように，①相手の立場を尊重したりお互いに助け合うことに関係する〈相互理解・相互扶助〉，②親や友人を信頼し，また親や友人から信頼されている〈親・友人との信頼関係〉，③経済的な自活や判断・責任性に関する〈独立〉，④配偶者を信頼し，また信頼されている〈パートナーシップ〉，⑤困ったときには他者に適切に頼ることのできる〈ソーシャル・ネットワーク〉，⑥洗濯・炊事などができることに関する〈身辺自立〉，⑦自分の意見を主張することができる〈自己主張〉，の7つです。

●大学生の自立の研究

　大石・松永（2008）は大学生の自立の実態を調査研究し，自立の構造として7つの因子を見出しました。表1-2に示したように①自分の考えをもち，自分で判断し，行動に移せるといった主体的な自己の確立に関する〈主体的自己〉，②人の気持ちをくみながら，周りの人と協調的な対人関係を形成し維持することに関する〈協調的対人関係〉，③自分を取り巻く社会的状況に関心をもつことに関する〈社会的関心〉，④自分の生活に関心を払い，管理することに関する〈生活管理〉，⑤基本的な生活を維持するために必要な処理能力に関する〈生活身辺処理〉，

---

3) 髙橋（2010）は，自立に不可欠な人間関係を「愛情のネットワーク」という概念で説明しています。
4) 4章2節（4）「ソーシャル・サポート（社会的支援）」（p.91）参照。
5) 青年期：人間の発達段階のうえで児童期と成人期の間に位置する，子どもから大人への移行期です。年齢ゾーンの捉え方には学者によって差異がありますが，ここでは一般常識的な区分として10代後半から20代後半とします。
6) 因子分析：複数の質問項目で，それぞれの回答に互いに似かよったパターンが見られるものを1つのグループとしてまとめていく分析のことです。データ解析の手法として，多変量データに潜む共通因子を探り出す目的で用いられます。観察されるデータ（テスト，調査，測定などの値）の変動をより少ない数の仮想的変数（因子と呼ばれる潜在変数）を用いて説明することができます。

表 1-1　成人の自立の構成要素（福島, 1997 をもとに作成）

因子名	項目内容
1 相互理解・相互扶助	相手の立場を尊重したりお互いに助け合うこと
2 親・友人との信頼関係	親や友人を信頼し，また親や友人から信頼されていること
3 独立	経済的な自活や判断，責任性に関すること
4 パートナーシップ	配偶者を信頼し，また信頼されていること
5 ソーシャル・ネットワーク	困ったときなどには他者に適切に頼ることができること
6 身辺自立	洗濯，炊事ができること
7 自己主張	自分の意見を主張できること

表 1-2　大学生の自立の構成要素（大石・松永, 2008 をもとに作成）

因子名	項目内容
1 主体的自己	自分の考えをもち，自分で判断し行動に移せること
2 協調的対人関係	人の気持ちをくみながら，周りの人と協調的な対人関係を形成し，維持すること
3 社会的関心	自分を取り巻く社会的状況に関心をもつこと
4 生活管理	自分の生活に関心を払い管理すること
5 生活身辺処理	自分の生活に関する処理能力
6 経済的自活	学費や家にお金を入れるなどの経済的自活
7 共生的親子関係	親との信頼関係

⑥家計や学費における経済的な自活に関する〈経済的自活〉，⑦親との信頼関係や親子の親密性，距離の近さに関する〈共生的親子関係〉の，7因子構造が示されました。

　これらの研究の結果は，「自立」に向けてどのようなことが課題となるのか，自分や社会とどのように向き合っていけばよいのかを，日常生活の具体的な行動に落とし込んでいく参考になります。

大学生の自立度チェック[7] 〈ワーク〉

大学生レベルでの「自立」ができているでしょうか？
①当てはまる項目にチェックしてください。

《自分らしさの確立》
- ☐ 自分の考え・意見をもっている
- ☐ 親には親の，自分には自分の考えがある
- ☐ 自分の言動に責任をもてる
- ☐ 自分で決めたことを行動に移せる
- ☐ ひとりで過ごす時間を楽しめる
- ☐ 自分の感情を自分でコントロールできる

《協調的な対人関係》
- ☐ 相手の気持ちを察して，適切な対応ができる
- ☐ 他人の気持ちを思いやることができる
- ☐ 周りの人と協力して物事に取り組むことができる

《社会的な興味関心》
- ☐ 日本の政治に関心がある
- ☐ 社会の出来事に関心がある
- ☐ 世界や社会の情勢をある程度把握している

《生活管理能力》
- ☐ 規則正しい生活をする
- ☐ 自分の健康状態に注意を払っている
- ☐ 社会の一員としての自覚をもっている
- ☐ 自分で使うお金の月々の収支を把握している

《生活身辺の処理能力》
- ☐ 自分の洗濯は自分でする
- ☐ 日頃の自分の食事は自分で作る
- ☐ 自分の部屋の掃除は自分でする

《経済的自活力》
- ☐ 家にお金を入れている
- ☐ 大学の学費を自分で払っている
- ☐ 自分で生活できるだけの収入を得ている

《共生的な親子の関係》
- ☐ 親のことを信頼している
- ☐ 親は自分のことを信頼している

---
7) 大石・松永（2008）を参考に作成。

②自立するために，あなたが重点的に取り組みたいことを3つまで書き込んでください（具体的な行動を記入します）。

重点的に取り組みたいこと What（何を）・When（いつ）・Where（どこで）・How（どのように）・Whom（誰に）
1
2
3

【記入日：　　　年　　月　　日】

2. 経済的自立

(1) 日本の青年の経済的自立の現状

　欧米諸国では，青年が家を出て独り立ちすることが推奨されており，大学生が自分の学費を用意するのは当然なこととして考えられています。一方，日本では，そのような考えは浸透していません。

　現在の日本の青年を取りまく状況を考えてみますと，1990年代半ばのバブル経済崩壊後，高等教育の大衆化が進み，非正規雇用の増大，晩婚，非婚化という現象が起きており，親の経済的な庇護のもとに長くいる青年が増えています[8]。親世代が子ども世代よりも経済的に豊かな傾向から，就職してからも親が子どもの援助をする状況も少なくはなく，青年が経済的に自立する時期が遅くなってきていることも指摘されています。このような経済的自立の遅れは，精

---

[8] 全国でニートは約82万人，ひきこもり者は広義で約70万人と内閣府では推計しています。人口10万人で換算するとニートは約640人，ひきこもりは約600人となります。ニートとひきこもりで重複している人がかなりいると思いますが，その数は不登校者より多く，特別なことではなく，身近な問題になっています。本人や家族が大変な思いをすることはもとより，就学・就労など青年期の貴重なキャリア形成の機会を失い，社会的な自立が遅れてしまうなど社会全体にとっても大きな損失となります（三菱UFJリサーチ＆コンサルティング株式会社，2011）。

神的・心理的・社会的自立の遅れにもつながっていくことが推測され，問題となっています。

経済市場や国家制度が青年の自立に影響する[9]ことは否めない事実ですが，人は生まれる時代や環境を選ぶことはできません。自分の未来を自分で切り拓いていく覚悟と自己責任の考えに立つことが，自立への第一歩となります。

(2) 自身の収入のみで生計を立てる若年労働者のデータ

以下の3つのグラフ（図1-3）は，自身の収入のみで生計を立てる若年労働者割合[10]を示しています（厚生労働省, 2011）。

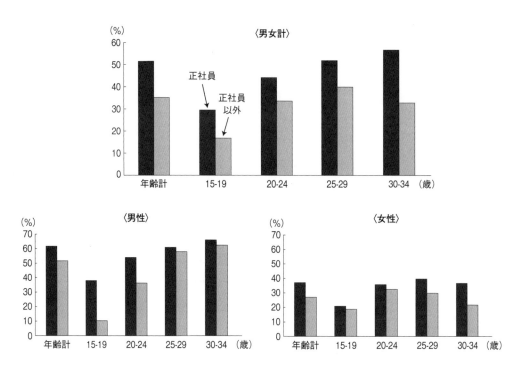

図 1-3　自身の収入のみで生計を立てる若年労働者のデータ

資料出所：平成23（2011）年版労働経済の分析（厚生労働省，厚生労働省「若年者雇用実態調査」（2009年）をもとに厚生労働省労働政策担当参事官室にて特別集計）
注1）若年労働者は15-34歳までの労働者をいう。
注2）在学中を除く。
注3）数値は，生活が何によっているかの質問に対し，自身の収入のみと回答した者の割合。

---

9) ジョーンズとウォーレス（Jones & Wallace, 1992／邦訳1996）は『若者はなぜ大人になれないのか──家族・国家・シティズンシップ』の中で，個人と国家の双方の対等な契約関係で生まれる市民社会精神を若者はどのように獲得していくのか，青年の自立・権利・義務・責任を英国の若者の実態と照らし合わせながら解明しています。
10) 自身の収入のみで生計を立てる若年労働者割合をみると，正社員では年齢が上がるにつれて，その割合が上昇しているが，正社員以外では30-34歳で低下している。男女別にみると，男性では雇用形態にかかわらず年齢が上がるにつれて割合は上昇しているが，年齢が上がるにつれて正社員と正社員以外の差が縮小しており，30-34歳層では，正社員が66.3％，正社員以外が62.7％とほぼ同程度となっている。一方，女性については，雇用形態にかかわらず，25-29歳をピークに30-34歳で低下している（厚生労働省, 2011）。

3つのデータからどのようなことが読み取れるでしょうか？ コメントを記入しましょう。

あなたの命をはぐくむためのお金[11]　ワーク

あなたが生まれてから高校を卒業する18歳まで，あなたの命をはぐくむためにどのくらいお金がかかったのでしょうか？

【あなたが生まれてから18歳まで，あなたの命をはぐくんだ費用概算】

・合計金額を計算してください。
・教育費用は「学校種別にみた学習費総額（平成20年度子どもの学習費調査，文部科学省）」を参考にして計算します。

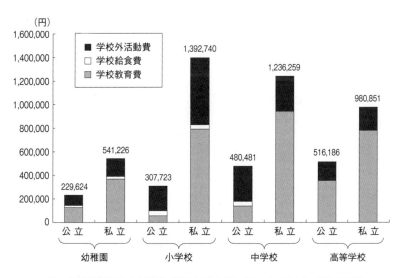

図　学校種別にみた学習費総額（文部科学省平成20年度子どもの学習費調査）

---
11) 本ワークは，金融広報中央委員会『これであなたもひとり立ち』の「ワーク2『私の命を育んだお金はいくら？』」の内容を基に，筆者の責任において改変を加えたものです。

費目		18年間の費用概算
教育費用	幼稚園（　　　　　）円×（　　）年＝	（　　　　　）円
	小学校（　　　　　）円×6年＝	（　　　　　）円
	中学校（　　　　　）円×3年＝	（　　　　　）円
	高等学校（　　　　　）円×3年＝	（　　　　　）円
出産費用	分娩・入院費（後で健康保険より給付）	350,000 円
	検診費	80,000 円
	その他	100,000 円
食物費	1ヶ月当たり 20,447 円	（　　　　　）円
住居費	家賃地代・設備修繕・維持・畳・外壁・堀・植木・庭手入れなど消費支出に住宅ローン返済と土地・住宅購入費用をプラスして求めた[12]	4,107,888 円
保険医療費	1ヶ月当たり 3,509 円	757,944 円
交通通信費	運賃・電話代・ガソリンなど　1ヶ月当たり 13,729 円	2,965,464 円
	あなたの携帯電話使用料　1ヶ月当たり（　　　　　）円	（　　　　　）円
教育娯楽費	1ヶ月当たり 9,691 円	2,093,256 円
光熱・水道費	1ヶ月当たり 6,258 円	1,351,728 円
被服・履物費	1ヶ月当たり 4,015 円	867,240 円
諸雑費・小遣いなど	1ヶ月当たり 21,007 円	4,537,512 円
家具家事用品	1ヶ月当たり 2,959 円	639,144 円
		合計　　　　　円

あなたの命をはぐくんだ費用の概算：　　　　　円

感想

【記入日：　　年　　月　　日】

---

[12] 1人当たりの住居費の月額は 19,018 円として計算している（家賃地代・設備修繕・維持として 5,718 円，財産購入として 2,542 円，住宅ローン返済として 10,758 円）。複雑な計算を避けるため，物価の変動は無視し，18年間を平成 21 年のデータから求めた。

3. 精神的・心理的自立

(1) 親からの自立・社会への適応能力としての自立

　従来より，青年期の精神的・心理的自立は，親子関係の変化から捉えられ，親の監督を離れて独立した人間になろうとする「心理的離乳」[13] が重要なものとして考えられていました。

　近年では，親子関係のみならず，社会や文化への適応能力の観点からの検討がなされています。高坂・戸田（2003）は青年期の心理的自立を「成人期において適応するために必要な心理的・社会的な能力を備えた状態」と定義しています。

(2) 精神的・心理的に自立した行動，価値観，考え方，感じ方： 青年期の心理的自立に関する実証的研究からのヒント

　高坂・戸田（2006）は青年期の心理的自立を次の4側面から捉えています。

①**行動的自立**：自らの意志で決定した行動を，自分の力で行い，その結果の責任をとることができるようになること（実行と責任）。

②**価値的自立**：行動思考の指針となる価値基準を明確にもち，それに従って物事の善悪，行動の方針などの判断を下すことができるようになること（価値観と判断）。

③**情緒的自立**：他者との心の交流をもつとともに感情のコントロールができ，常に心の安定を保つことができるようになること（自己統制と適切な対人関係）。

④**認知的自立**：現在の自分をありのままに認めるとともに，他者の行動，思考，立場および外的事象を客観的に理解・把握することができるようになること（自己認知と社会的認知・視野）。

> **トピック　心の成長を考える**
>
> 　これからの自分自身の心の成長や，生き方を考えるための参考として，「精神的・心理的に自立した人間」に関連する考え方を例示しました。
>
> **オルポート 「成熟した人格」の6つの基準**
> ① 広く拡大した自己意識をもつ
> ② 他者と暖かい関係をもつことができる
> ③ 基本的な情緒安定をもち，自己を受容している
> ④ 現実をあるがままに知覚し，各種の課題を解決するのに必要な技能と傾倒すべき課題をもつ
> ⑤ 自己を客観的に理解でき，洞察力とユーモアの能力がある
> ⑥ 人生に統一（意味と方向）を与えるような人生哲学をもつ　　　（佐方，2006）

---

13) 心理的離乳：青年期前期頃に生じる，親からの心理的自立の試み，あるいは情緒的自律性（emotional autonomy）の獲得を意味します。親への反抗や葛藤を伴うこともありますが，「心理的離乳」を経て，親と心理的距離を最適化し，親とは異なる独自の価値観，信念，理想，すなわち「自分らしさ」を確立できるようになると考えられています。

> ロジャーズ 「完全に機能する人間」の5つの特徴
>   ①経験に対して開かれている
>   ②実在のあらゆる瞬間に完全に生きている
>   ③自分の直感を信頼できる
>   ④自由であると感じている
>   ⑤創造的である
>   (佐方,2006)
>
> マズロー 「自己実現する人間」の特徴
>   ・正義をもたらすことを喜ぶ
>   ・名声や栄誉を求めない
>   ・誰からも愛されることを必要としない
>   ・現実離れしておらず,成功を求める
>   ・世界をあるがままで愛し,その改善に努める
>   ・人間も自然も社会も改良できると信じている
>   ・子ども好きであり,子どもの成長に喜んで協力する
>   ・自分が幸福であることを自覚し,感謝の念を抱いている
>   ・神秘的な体験や,未知のものへの挑戦に魅せられる
>   ・万人が,自己の可能性を最高に伸ばす機会をもつべきだと感じている
>   ・若者の自己実現に喜んで手を貸す   (Maslow, 1971／邦訳 1973)
>
> 孔子 『論語 為政第二 4』
>   「子曰く,吾十有五にして学に志す。三十にして立つ。四十にして惑はず。五十にして天命を知る。六十にして耳順ふ。七十にして心の欲する所に従えども,矩を踰えず」
>   (学術図書出版社,2011)
>
> 石田衣良(小説家) 『大人になるということ。』
>   「大人になること。正しさの基準を外側にではなく,自分自身の中心に据えること」
>   (石田,2009)

4. 社会的自立へ向けて：
学校（大学）から職場に移行していくために必要となる能力[14]

(1) 就職への移行期に必要となる能力

　就職への移行期に関連する代表的な能力論として,「人間力」（内閣府,2003）,「就職基礎能力」（厚生労働省,2004）,「社会人基礎力」（経済産業省,2006）,の3つを取り上げます。

　「人間力」は「社会を構成し運営するとともに,自立した一人の人間として力強く生きていくための総合的な力」と定義されます。構成要素は次の3つにまとめられています（表1-3）。これらを総合的にバランス良く高めることが,人間力を高めることとして提示されています。

---

14) 職業能力の定義：独立行政法人労働政策研究・研修機構（2011）は職業能力を次のように説明し,定義しています。「ある特定の目的のために,身体的にせよ精神的にせよ労力が費やされることが『仕事（work）』である。仕事を行うために人が雇用されれば『職位（position）』となり,その仕事がそこに配置された人の『職務（job）』となる。職務分析ではこの仕事を課業（task）とよぶ。職務の側から見れば,この仕事＝課業（task）を行うために費やされる労力がある仕事をするための能力ということができる。したがって,職業能力とは,仕事を行うために求められる身体的,精神的努力のすべてである」。

「就職基礎能力」は，企業が若年者に求める能力を提示したものです。5つの領域に分類されています（表1-4）。

「社会人基礎力」は，「職場や地域社会で多様な人々と仕事をしていくために必要な基礎的な力」と定義され，3つの能力と12の能力要素から構成されています（表1-5）。

表1-3　人間力の構成要素

能力要素	内容
知的能力的要素	基礎学力（主に学校教育を通じて修得される基礎的な知的能力）」「専門的な知識・ノウハウ」をもち，自らそれを継続的に高めていく力。また，それらの上に応用力として構築される「論理的思考力」「創造力」など。
社会・対人関係力的要素	「コミュニケーションスキル」「リーダーシップ」「公共心」「規範意識」や「他者を尊重し切磋琢磨しながらお互いを高め合う力」など。
自己制御的要素	これらの要素を十分に発揮するための「意欲」「忍耐力」や「自分らしい生き方や成功を追求する力」など。

表1-4　就職基礎能力を構成する5つの能力

能力	要素	内容
コミュニケーション能力	意思疎通	自己主張と傾聴のバランスを取りながら効果的に意思疎通ができる
	協調性	双方の主張の調整を図り調和を図ることができる
	自己表現力	状況にあった訴求力のあるプレゼンテーションができる
職業人意識	責任感	社会の一員として役割の自覚をもっている
	向上心・探求心	働くことへの関心や意欲をもちながら進んで課題を見つけ，レベルアップを目指すことができる
	職業意識・勤労観	職業や勤労に対する広範な見方・考え方をもち，意欲や態度等で示すことができる
基礎学力	読み書き	職務遂行に必要な文書知識をもっている
	計算・数学的思考	職務遂行に必要な数学的な思考方法や知識をもっている
	社会人常識	社会人として必要な常識をもっている
ビジネスマナー	基本的なマナー	集団社会に必要な気持ちの良い受け答えやマナーの良い対応ができる
資格取得	情報技術関係の資格 or 経理・財務関係の資格 or 語学力関係の資格	

表1-5　社会人基礎力を構成する3つの能力と12の能力要素

能力	要素	能力の内容
前に踏み出す力（アクション）	主体性	物事に進んで取り組む力
	働きかけ力	他人に働きかけ巻き込む力
	実行力	目的を設定し確実に行動する力
考え抜く力（シンキング）	課題発見力	現状を分析し，目的や課題を明らかにする力
	計画力	課題に向けた解決プロセスを明らかにし，準備する力
	創造力	新しい価値を生み出す力
チームで働く力（チームワーク）	発信力	自分の意見をわかりやすく伝える力
	傾聴力	相手の意見を丁寧に聴く力
	柔軟性	意見の違いや立場の違いを理解する力
	情況把握力	自分と周囲の人々や物事との関係性を理解する力
	規律性	社会のルールや人との約束を守る力
	ストレスコントロール力	ストレス発生源に対応する力

(2) 社会的・職業的自立[15]に必要な基礎的・汎用的能力

2011年1月，中央教育審議会は，これまで提唱されてきた「人間力」「社会人基礎力」「就職基礎能力」などの能力論を踏まえ「仕事に就くこと」に焦点を当て，「分野や職種にかかわらず，社会的・職業的に自立するために必要な基盤となる能力」(中央教育審議会, 2011) を提示しました。

この「基礎的・汎用的能力」は，表1-6に示したように「人間関係形成・社会形成能力」「自己理解・自己管理能力」「課題対応能力」「キャリアプランニング能力」の4つの能力要素から成ります。

「人間関係形成・社会形成能力」は，社会との関わりの中で生活し仕事をしていくうえで，基礎となる能力です。特に，価値の多様化が進む現代社会においては，性別，年齢，個性，価値観等の多様な人材が活躍しており，様々な他者を認めつつ協働していく力が必要です。また，変化の激しい今日においては，既存の社会に参画し，適応しつつ，必要であれば自ら新たな社会を創造・構築していくことが必要となります。

「自己理解・自己管理能力」は，変化の激しい社会にあって多様な他者との協力や協働が求められている中では，自らの思考や感情を律する力や自らを研さんする力がますます重要です。これらは，キャリア形成や人間関係形成における基盤となるものであり，とりわけ自己理解能力は，生涯にわたり多様なキャリアを形成する過程で常に深めていく必要があります。

「課題対応能力」は，自らが行うべきことに意欲的に取り組むうえで必要なものです。知識基盤社会の到来やグローバル化等を踏まえ，従来の考え方や方法にとらわれずに物事を前に進めていくために必要な力です。さらに，社会の情報化に伴い，情報および情報手段を主体的に選

表1-6 基礎的・汎用的能力の内容と具体的な要素（例）(中央教育審議会, 2011)

	内容	具体的な要素（例）
人間関係形成・社会形成能力	多様な他者の考えや立場を理解し，相手の意見を聴いて自分の考えを正確に伝えることができるとともに，自分の置かれている状況を受け止め，役割を果たしつつ他者と協力・協働して社会に参画し，今後の社会を積極的に形成することができる力	他者の個性を理解する力，他者に働きかける力，コミュニケーション・スキル，チームワーク，リーダーシップなど
自己理解・自己管理能力	自分が「できること」「意義を感じること」「したいこと」について，社会との相互関係を保ちつつ，今後の自分自身の可能性を含めた肯定的な理解に基づき主体的に行動すると同時に，自らの思考や感情を律し，かつ，今後の成長のために進んで学ぼうとする力	自己の役割の理解，前向きに考える力，自己の動機づけ，忍耐力，ストレスマネジメント，主体的行動など
課題対応能力	仕事をする上での様々な課題を発見・分析し，適切な計画を立ててその課題を処理し，解決することができる力	情報の理解・選択・処理等，本質の理解，原因の追及，課題発見，計画立案，実行力，評価・改善など
キャリアプランニング能力	「働くこと」を担う意義を理解し，自らが果たすべき様々な立場や役割との関連を踏まえて「働くこと」を位置づけ，多様な生き方に関する様々な情報を適切に取捨選択・活用しながら，自ら主体的に判断してキャリアを形成していく力	学ぶこと・働くことの意義や役割の理解，多様性の理解，将来設計，選択，行動と改善など

---

15)「職業的自立」は，家庭人や市民等としての自立とともに，「社会的自立」に含まれるものですが，文部科学省の提言等においては，「職業的自立」の重要性を考慮して，「社会的・職業的自立」と表現されています。

択し活用する力を身につけることも重要です。

「キャリアプランニング能力」は，「働くこと」の意義を理解し，自らが果たすべき様々な立場や役割との関連を踏まえて「働くこと」を位置づけ，多様な生き方に関する様々な情報を適切に取捨選択・活用しながら，自ら主体的に判断してキャリアを形成していく力であり，社会人・職業人として生活していくために生涯にわたって必要となる能力です。

(3) 産業界から求められる3つの能力と期待される学生時代の能力開発

企業は営利目的[16]の経済活動を行う組織ですから，そこでは集団としての効率性や生産性が重視されます。また企業組織が存続するためには経済的に力をもち，競争に勝つことが至上命題だといえます。

かつて日本の企業組織からは，過去の前例を参考にしながら，与えられた課題や問題をきちんと実行できる人材が求められる傾向にありました。

しかし今日では，経済活動のグローバル化，情報通信技術（ICT：Information and Communication Technology）の進展によって，世界規模で企業競争が激化していく中で，産業界が求める人材像は変化しています。

日本経済団体連合会[17]（2004）は，不確実性の高い経営環境下において「与えられた知識だけに頼るのではなく，ものごとの本質をつかみ，課題を設定し，自ら行動することによってその課題を解決していける人材」の必要性を説いています。図1-4に示したように産業界から求められる3つの力（志と心，行動力，知力）を提唱しています。

「志と心」とは，社会の一員としての規範を備え，物事に使命感をもって取り組むことのできる力です。顧客への対応や関係企業との関係をはじめ，事業活動を推進していくうえで，誠実さや信頼を得る人間性，倫理観を備えていることは不可欠です。また，仕事をはじめ様々なか

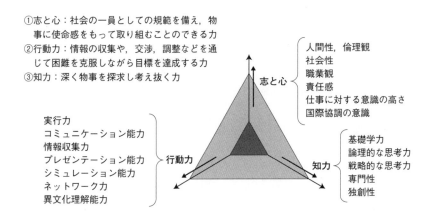

図1-4 産業界から求められる3つの力（日本経済団体連合会，2004）

---

16) 学校という組織の目的は教育です。学ぶことや仲間と仲良くすることが共通の価値としてあります。
17) 社団法人日本経済団体連合会は，2002年5月に経団連と日経連が統合して発足した総合経済団体です。会員数は1,603社・団体等にのぼります。わが国の代表的な企業1,281社，製造業やサービス業等の主要な業種別全国団体127団体，地方別経済団体47団体などから構成されています（いずれも2011年6月15日現在）。
http://www.keidanren.or.jp/japanese/profile/pro001.html

たちで社会に貢献しようという意欲，目標を成し遂げようとする責任感や志の高さなども求められます。

「行動力」とは，情報の収集や，交渉，調整などを通じて困難を克服しながら目標を達成する力です。

「知力」とは深く物事を探求し考え抜く力です。各分野の基礎的な学力に加え，深く物事を探求し考え抜く力や論理的・戦略的思考力さらには高い専門性や独創性が求められます。

これらの力を高めるチャンスは大学生活のあらゆる活動場面にあります。日々の授業，研究活動，様々な課外活動（クラブ・ゼミナール・サークル活動，資格取得，アルバイト，インターンシップ等）に主体的に取り組むことによって能力を開発していくことができます。目的意識をもって生活することが，重要です。

トピック　グローバル人材とは

産業界では海外に成長の芽を求める動きが活発になっています。それに対応し，グローバルに仕事が遂行できる人材の確保と育成の重要性が高まっています。「2011年人事・労務に関するトップ・マネジメント調査結果の概要[18]」（社団法人日本経済団体連合会，2011）によると，「海外との取引はない」と回答した企業はわずか18％で，80％以上が，海外展開および海外との取引があると回答しています。図1-5のように「グローバル

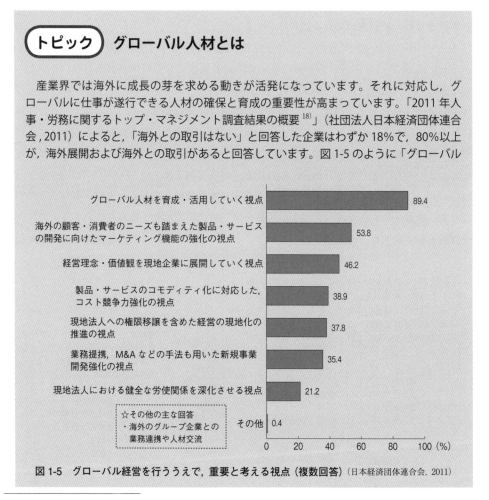

図1-5　グローバル経営を行ううえで，重要と考える視点（複数回答）（日本経済団体連合会, 2011）

---

[18] 春季労使交渉・協議の結果や，人事・労務に関するトップ・マネジメントの意見を取りまとめ，今後の政策立案の際の貴重な資料として活用することを目的とし，1969年から毎年実施している調査。調査対象は（社）日本経済団体連合会会員企業および東京経営者協会会員企業（計1,883社）の労務担当役員以上のトップ・マネジメント。調査対象企業1,883社のうち，有効回答社数は551社（回答率29.3％）。産業別：製造業248社（45.0％），非製造業303社（55.0％）規模別：従業員500人以上の企業431社（78.2％），500人未満の企業120社（21.8％）。調査時期：2011年6月28日～8月30日。

経営を行ううえで，重要と考える視点」として最も高かったのは「グローバル人材の育成・活用」で，90%近くの企業からの回答を得ています。

　国際的に活躍するグローバル人材とはどのような能力や特性をもつ人なのでしょうか。あなたのイメージする人物の特徴を書き込んでください。
・
・
・

　国際的なビジネスシーンで物おじせずに議論できる人，世界の人々と信頼関係を構築できるコミュニケーション能力の高い人，自国の文化や歴史をきちんと説明できる人，国際社会に貢献する意欲をもった人……様々な人物像が浮かんできたでしょうか。
　文部科学省と経済産業省が共同で事務局を務める産学人材育成パートナーシップが公表した「2010 グローバル人材育成委員会報告書」(経済産業省，2010) によると「グローバル人材」は次のように定義されます。

グローバル化が進展している世界の中で，
・主体的に物事を考え，多様なバックグラウンドをもつ同僚，取引先，顧客等に自分の考えを分かりやすく伝え，
・文化的・歴史的なバックグラウンドに由来する価値観や特性の差異を乗り越えて，相手の立場に立って互いを理解し，
・さらにはそうした差異からそれぞれの強みを引き出して活用し，相乗効果を生み出して，新しい価値を生み出すことができる人材。

　また，「グローバル人材」に共通して求められる能力として，友松 (2012) は表 1-7 のようにまとめています。

表 1-7　グローバル人材に必要な能力

A	英語等，外国語の実践的な運用能力
B	異文化理解力
C	グローバルな環境でのコミュニケーションスキル
D	グローバルな環境でのチームワーク力，リーダーシップ力
E	グローバルな環境での柔軟性，不確実性の許容力
F	論理的思考力
G	プレゼンテーション能力
H	責任感
I	マネジメント力，ファシリテーション力[注]
J	日本を取り巻く世界的情勢に関する知識
K	海外で生活できる力（衣食住，心身両面の健康の確保）
L	安全管理（疾病予防，犯罪・騒乱への対処）
M	危機管理（法人に係わる不祥事，訴訟，労務管理）

注）ファシリテーションとは，会議やミーティングの場で，発言や参加を促し，話の流れを整理し，参加者の認識を確認して，合意形成や相互理解を支援する手法・技術・行為の総称。

　産業界では，これらの能力を具えたグローバル人材は今後ますます不可欠になっていくでしょう。

トピック　創造性を伸ばそう！　収束的思考と拡散的思考

　創造性とは何もないところから自分の力で有用な結果を生み出す能力です。今，産業界からも求められている「自ら問題，課題を発見し解決する能力」「『新たな価値』や『解』を創出するイノベーション人材」（経済産業省・文部科学省，2012）は，創造性が土台になっています。創造性を働かせるには，どのような思考方法が有効なのでしょうか。
　ギルフォード[19]（Guilford, 1950）は知性能力を2つの能力，収束的思考と拡散的思考に区別しました（表1-8参照）。

表1-8　収束的思考と拡散的思考

	収束的思考	拡散的思考
特性	1つしかない正解を目指す思考活動。○×式の思考活動。	問題解決の場面で，1つに限らない様々な解決の可能性を広げて探る，思考活動。
正しい答え・正解	ある	ない
測定	通常の知能テスト，学力テストで測定することができる。	通常の知能テストや学力テストでは測定できない。絵画完成テストなどで一部測定可能。
論理性	必要。論理的に唯一の適切な解答や解決を集中して求める。	必要とは限らない。
与えられた情報に対して	まず与えられた情報をきちんと理解することが重要。	与えられた情報から，さらに新しい情報や問題を次々に発見していくことが重要。

　収束的思考は論理的に唯一の適切な解答や解決に収束（集中）させる思考，すなわち1つしかない正解を目指す，○×式の思考活動です。
　拡散的思考は，問題解決の場面で，1つに限らない様々な解決方法を，論理性だけに頼らず広げて探る思考法，与えられた情報から，さらに新しい情報や問題を次々に発見してくような思考活動です。創造性を働かせるときに重要なのは拡散的思考法です。
　学校のテストや受験などで測定されてきたものは，収束的思考によるものがほとんどです。いつも収束的思考法ばかり働かせていると，拡散的（発散的）思考法に切り替えることは難しくなります[20]。
　思考習慣について，自己チェックしてみましょう。

思考習慣チェック（Guilford, 1950をもとに作成）
　当てはまる項目はいくつありますか？（当てはまる項目が多いほど高い創造性が期待できます）

---

19) Guilford, Joy Paul（1897-1987）：アメリカの心理学者。精神測定法の研究を行い，知能の構造について独自のモデルを提案しました。
20) ゲシュタルト心理学者のドゥンカー（Duncker, 1935）は機能的固定という概念を用い，収束的思考法から拡散的思考法への切替が難しくなることを実験的に明らかにしています。

	マニュアル化されている方法や考えにとらわれずに、自由にアイディアをだすことが得意な方だ。
	あるアイディアを緻密に丁寧に掘り下げて考え、発展させることが好き。
	次々に新しいアイディアが思いつく方だ。
	型にはまらないオリジナルな発想を大切にしている。
	あるアイディアの中に潜んでいる問題や誤りなどに敏感に気づく方だ。
	1つの問題を違った視点で考えたり、捉えなおすことができる。

2つ以下の方へ
創造性を高めるためには、以下のような習慣づくりも有効です。
・日頃から過去の経験にとらわれずゼロから考える。
・みんなと同じであることや正解することにとらわれず、オリジナルな発想を大切にする。
・1つの事柄について、多面的なものの見方を心がける。
・ささいなことでも「自分なら、どのように判断するかな？」と考える。
・日頃から他人に頼らず自分の頭で考えぬく。

自立への道しるべ　ワーク

①あなたにとって重要な「自立」の要件は何ですか。「自立した自分の姿」を表わすキーワードを図中央の○の中に記入しましょう。

②あなた自身が自立した社会人へと成長するための課題は何ですか。どのような能力や行動習慣を身につける必要があるでしょうか。4つの領域ごとに記入しましょう。

※学生の方にとっては「社会的自立」はイメージしにくいかもしれませんが，「社会の一員」として「自分に何ができるか」を自問自答しながら書き込んでください。

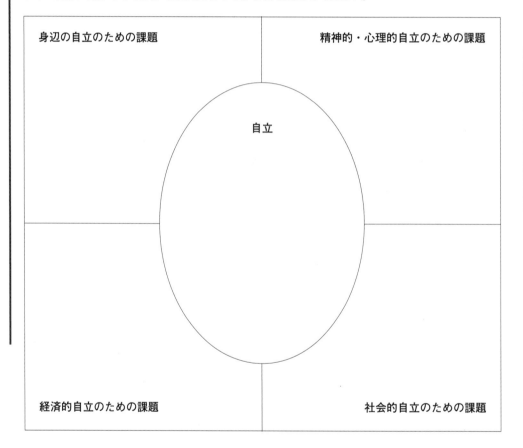

【記入日：　　　年　　月　　日】

ワーク・モチベーション

　ワーク・モチベーションとは，仕事へのやる気，意欲，情熱，「がんばるぞ！」という心の状態のことです。仕事場面で自分のエネルギーや時間をどのように配分していくのか，働き方を決定するカギはモチベーションにあります。ワーク・モチベーションを高く保つことは，組織にとっても個々人にとっても望ましいことです。しかしながら，ワーク・モチベーションは一人ひとり異なり，また，個人の仕事の状況や環境によって揺らぎ変化するものです。私たちはいつもワクワク，活き活き，やる気満々で働けるわけではありません。また，同じ職場環境でもやる気のある人とそうではない人がいます。

　自分自身および他者のワーク・モチベーションを高め，維持し続けるには，どのような働きかけをすればよいのでしょうか。答えは，簡単ではありません。最適解は現実の場面にあります。本章では，この問いに対して正面から向き合い，ワーク・モチベーションのメカニズムについて，産業・組織心理学で明らかにされてきたことを学びます。

　ここでの学習の到達目標は2つです。1つ目は，将来どのように仕事に関わっていきたいのかをイメージし，自分自身に効果のある「やる気」の高め方，維持する方法を明らかにするためのコツをつかむことです。

　2つ目は，リーダーの目線でモチベーションを捉えられるようになることです。組織集団の目標達成に向けてメンバーのやる気を高めるには，どのような働きかけが有効なのか，自分なりに考えられるようになることを目指します。

　なお，モチベーション（motivation）は日本語では「動機づけ」と訳されることもあり，専門用語として「動機づけ」の語を用いることが定着しているものもあります。本章では文脈によって両方を使い分けますが，意味は同じです。

1. モチベーション（動機づけ）とは

(1) モチベーションの定義

　モチベーションとは，ある目標（報酬）に向かって行動を起こして，維持しようとする心の働きの総称です。「動機づけ[1]」も同じ意味として用いられます。直接観察することはできませんが，人が目標を目指して行動する背後にある，内的なエネルギーとして捉えることができます。

---

[1] モチベーション「動機づけ」は行動の理由を考えるときに用いられる大概念です。各研究のパラダイムによって捉え方に違いはありますが，モーティブ「動機」は行動を生じさせた理由や原因（欲求）のみを指し，「動機づけ」は行動のプロセス全体を指すために用いられることが多くあります。

仕事場面のモチベーション，ワーク・モチベーションの定義は，ピンダー（Pinder, 1998）によると「ワーク・モチベーションとは個人，また個人の存在を超えたところに生じる，ある種のエネルギーであり，仕事に関連する行動を引き起こし，その形態，方向，強さ，継続性を決定する」とされます。

（2）モチベーションの3つの要素

モチベーションには3つのエネルギー要素があります。①行動を起こそうとする「喚起要素」，②行動を方向づける「方向性要素」，③目標達成までどの程度行動を持続・継続するのかを決定する「持続要素」です。それぞれの機能は表2-1のように要約されます。

図2-1は，個人がある目標に刺激を受けて，やる気を出し，目標達成に向かって，具体的行動を選択し，目標を達成するまでその行動を継続する，流れを示しています。

表2-1　モチベーションの3つの要素と機能

要素	①喚起	②方向性	③持続
説明	行動を起こそうとする，行動に駆り立てる要素。欲求・願望・期待など。	何をするのか，どのような行動をとるのか行動を方向づける要素。	目標達成までどの程度行動を持続・継続するのかを決定する要素。
機能	行動を起こそうとする欲求を起こさせる	何かをする方向づけをする	目標達成まで続けさせる

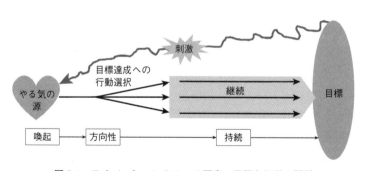

図2-1　モチベーションの3つの要素，目標と行動の関係

自分のやる気のもとを探ろう　ワーク

用意するもの：マーカーペン

①自分自身が抱えている仕事や課題（試験勉強，サークル・部活・委員会等での役割，研究，アルバイト，家の手伝い……）についてイメージしてください。
　・あなたはどのようなとき，仕事や課題に「調子がよく取り組めている」「がんばれている」と感じるでしょうか？　具体的な状況を思い出しながら，自由に書き出してみましょう。
②やる気のもとリストを作成します。

・①で書き出した文をじっくり見つめて，自分自身にとって重要だと思う部分にマーカーペンで印をしましょう。
・印をした部分を自分なりにまとめて，自分のやる気のもとについて，3～5つのキーワードで表現してみましょう。
③ワークを通して気がついたこと，感じたことを記入し，話し合ってみましょう。

① 【私はこんなとき，調子がいいです！　がんばれます！　やる気になります！】

1	
2	
3	
4	
5	
6	
7	
8	
9	
10	
11	
12	
13	
14	
15	

↓ キーワード

② 【私のやる気のもとリスト】[2]

-
-
-
-
-

---
[2] モチベーション理論を学んだ後に再度，分類整理してみましょう。

③【ワークを通して気がついたこと・感じたこと】

自分自身の気づき・感じたこと
意見交換をして気がついたこと・感じたこと

【記入日：　　　年　　月　　日】

(3) モチベーションは状況依存的な現象[3]

　モチベーションは，個人とその人がおかれた環境との相互作用の結果として生じる現象です（図2-2）。ある個人を「やる気のあるタイプ」「やる気のないタイプ」のように区別することは適切ではありません。モチベーションは，その人がおかれた状況によって様々に変化することを理解しておく必要があります。

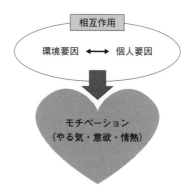

図 2-2　個人要因と環境要因の相互作用，モチベーションの関係

---

[3] レヴィン (Lewin, 1951) は人間の行動は，個人特性（性格や能力）と環境要因（個人を取りまく状況の特徴）との関数だと指摘しました。$B = f(P, E)$，B = Behavior（行動），f = Function（関数），P = Personality（個人特性），E = Environment（環境要因）。人の行動や心の状態は，その人の個人特性とその人が直面している状況との相互作用によって様々に変容すると考えられています。

(4) ワーク・モチベーション，能力，仕事の成果

仕事の成果［performance］＝ f（能力［ability］×モチベーション［motivation］）

ワーク・モチベーションは仕事で成果を生み出すために必要不可欠な要素です。仕事の成果［performance］は，その人の能力［ability］とモチベーション［motivation］との積によって決定されると考えられ，$P = f(A × M)$ の式で表されます。この式のポイントは，モチベーションが能力との掛け算（乗算的関係）で仕事の成果を規定していることにあります。モチベーションと能力のどちらかの値が「0」になった場合は，仕事の成果は「0」，無しになります。

この式には，どんなに高い能力を保有していても，本人の仕事への意欲がなければ，生産性は向上せず成果にはつながらないこと，能力は決して高くなくても，目標達成への意欲が高ければ，生産性を高め，能力以上の成果を生み出せるということが示されています。

2. 内発的動機づけ[4]と外発的動機づけ

(1) 外からの刺激による「やる気」と自らの内面から湧き上がってくる「やる気」

モチベーションの源泉は2つに分類されています。外から受ける刺激によって行動が生じている「外発的動機づけ」と，自らの内面から湧き上がってくる情熱や思いによって行動が生じている「内発的動機づけ」の2つです。

仕事場面の外発的動機づけの例としては，金銭的報酬，昇進・昇格，他者（上司・同僚・顧客など）からの評価・賞賛など，外からの「ご褒美」（報酬）を目指すことが挙げられます。

内発的動機づけの例としては，仕事そのものが「おもしろい」「興味がある」と感じ，意欲をかきたてられているような状態が挙げられます。この場合の報酬は自分の内面にある，仕事の達成感，成長しているという実感，自分の能力に対する自信（有能感）等にあります。

内発的動機づけは活動それ自体が満足の源であり，好奇心（その行動をもっと知りたい），熟達（もっと上手に行いたい），挑戦（もっとやってみたい）などの要素から成り立っています。

したがって内発的動機づけは仕事への創造性や積極性をもたらすものと考えられます。個人が働くうえでも，組織の生産性を高めるうえでも重要な意味をもちます。

(2)「やらされる」仕事から「やりたい」仕事への転換

アメリカの社会心理学者デシら（Ryan & Deci, 2000）は，外発的動機づけが内発的動機づけに変容するプロセスを，自律性（自己決定感）の変容として捉え，モデル化しています（自己決定理論）。

---

[4] 内発的動機づけは，1940-50年代の心理学において優勢だった「動因低減説」への反論として導入されました。動因低減説とは人間は生まれながらに「怠けもの」だとして捉え，不快な緊張状態が生じないかぎり，自ら進んで行動したり，学習したりしない」と考える立場です。内発的動機づけ説では，人間を本来活動的で，たえず環境と相互交渉しつつ自らの有能さを追求していく存在として捉えます。

表 2-2　外発的動機づけから内発的動機づけへと変化する 4 つの段階 (Ryan & Deci, 2000 を参考に作成)

動機づけ	調整の段階	具体例（営業の仕事）	自律性
非動機づけ	調整なし	働かない，仕事をさぼる，手抜きをする	非自己決定的
外発的動機づけ	外的調整	上司からの指示命令で見込み客のところに行かされる（行かないと怒られる）	
	取り入れ的調整	契約を取らなくてはいけない（辞めさせられるかもしれない，営業担当として不安だ）	
	同一視的調整	営業の仕事は会社にとって重要だ（契約を取るために，もっと働いて見込み客を増やし，通る提案書を書かなければならないし，既存顧客にも満足されるようなフォローをしなければならない）	
	統合的調整	働きたい（契約を取るために働きたい）	
内発的動機づけ	内発的調整	働きたい（営業の仕事が好き，楽しい）	自己決定的

　表 2-2 に示したように全くやる気がない「非動機づけ」が内発的動機づけに変わっていく間に，外発的動機づけの 4 つの調整段階（外的→取り入れ的→同一視的→統合的）を想定します。
　例えば，ある営業職者の仕事へのモチベーションを考えてみると，「会社，上司からやらされている」と感じる仕事は「非動機づけ」に近い状態です。調整の段階を経て，「頑張って自分のノルマを達成するぞ」「営業売上トップを目指そう」などのように，自分自身の目標をもつことでしだいに自律的になると，内発的動機づけに近い状態になっていくと考えられます。

創造性を生み出す働き方を考える：ワクワク・活き活き働くためには　ワーク

　新入社員，新人の時期には，職場や仕事の「目新しさ」からも，ドキドキ，ワクワク感をもって仕事に臨むことができるでしょう。しかしながら，実際の職場での活動は，自分の興味関心のあることや，やりたいことよりも，他者からの依頼，指示・命令で決定することがほとんどです。それでは，組織の一員として長期間にわたり，自分の仕事に好奇心，熟達（もっと上手に行いたい），挑戦（もっとやってみたい）への意欲をもち，"ワクワク"した気持ちで取り組むためには，どのような心構えで取り組めばよいでしょうか？　ここで学んだ「外発的動機づけ・内発的動機づけ・自律性」の考え方を参考に，あなたのアイディアを記入し，話し合ってみましょう。

理論からの示唆

　デシのモデルには，働く理由が生活の糧を得るため（お給料のため）という外発的なものだったとしても，自分なりの目標を設定するなどの，心がけ次第で，仕事に夢や生きがいをもてるようになるという可能性が示されています。

　長期にわたってワクワク・活き活きと働き続けるためには，与えられた課題の中に，自らの興味や向上心を刺激するような面を見つけ出していく努力，工夫が必要だといえます。

　例えば，仕事において単なる「指示待ち型」にならないよう意識することはワクワク感を高めます。ルーティンワークであっても，自分なりに工夫できるところを見つけようとしたり，職場をよくするための提案を積極的に行うなど，与えられた仕事プラスα，自分ならではの付加価値をつけようと試みることは有効でしょう。

【記入日：　　　年　　月　　日】

トピック　人は"怠け者"にはなれない？！

　私たちは，勉強も仕事も家事も何もしないでずっと，怠けた暮らしができたら，幸せでしょうか？

　図 2-3 に示したのは，1950 年代に行われた実験です。被験者（実験に参加した人）には目にゴーグルをし，腕には筒のようなものを巻いて触覚を制限し，空調以外の音は聞こえないようにして感覚を遮断します。空腹になったら食事や飲み物を与えられ，寝たいときは自由に眠ることができます。要求されていることは「何もしないでただゴロゴロ寝ている」ことだけです。

　どれくらい，何もしないでいられると思いますか？

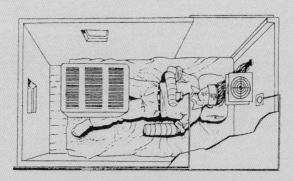

図 2-3　感覚遮断実験 (Heron, 1957)

　2 日間で多くの参加者は耐えられなくなります。思考力が低下し，正常にものごとが考えられなくなったり，幻覚がでる人もいます。

　私たちには適度な刺激や課題が必要不可欠です。人は，生まれながらに，環境の変化を知ろうとする好奇心や環境に働きかけて活動したいと思う欲求をもっています。人は"怠け者"にはなれないのです！

3. 組織における4つの人間モデル

組織心理学者のシャイン（Schein, E. H.）は，すべての経営者，管理者は本人が意識している，していないにかかわらず，組織で働く人間についてのその人なりの仮説をもつものだと考えました。表2-3に示すように，4つの人間モデルとその歴史的変遷を，①合理的経済人モデル→②情緒的社会人モデル→③自己実現人モデル→④複雑人モデルの流れとして提示しました。

ここで重要なことは，シャイン自身が，①②③の人間モデルおよびモデルに対応したモチベーション管理のあり方を「人間を単純化しすぎている」と指摘し，新たに④「複雑人モデル」を提唱したことです。

シャインは，モチベーション管理においては，組織で働く人には個々に異なった欲求や目標があること，また，それは個々の成長や状況に応じて多種，多様に変化するものであるということを理解して，取り組んでいくことが重要だと主張しています。

表2-3 組織における4つの人間モデルと変遷 （Schein, 1980を参考に作成）

人間モデル	人間観・労働者の捉え方	動機づけ・管理の方向	年代	代表的な研究・理論
①合理的経済人	・人間は基本的に勤労意欲をもたない，生来怠け者で不正直な存在。 ・労働者は経済的な報酬が最大になるように行動する。	・金銭的報酬でコントロールする必要がある。 ・作業・時間管理，賃金制度中心の管理	1911年～	・テーラーの「科学的管理法」
②情緒的社会人	・労働者にとって大切なことは，職場の仲間に認められたい，受け入れてもらいたいなどの「社会的欲求」の満足である。 ・生産性や仕事の質は職場の人間関係によって影響を受ける。	・労働者の社会的欲求である「人間関係」や「連帯感」などの充足を促進することが重要。 ・人間関係管理	1933年～	・メイヨーらの「ホーソン研究」
③自己実現人	・人間は働くことによって自分の能力を十分に活用し自分の潜在的な可能性を発揮したいという「自己実現欲求」をもっている。 ・人間は本来的に自己の内面から湧き出てくるものによって動機づけられる。組織が人を動機づけるのではなく，労働者が自らを動機づける。	・労働者が仕事を通じた成長，達成感，働きがいを見出せるようにすることが重要。 ・能力開発，目標管理制度など	1950年代～	・マズロー，マクレガー，アージリス，ハーズバーグ

①②③の仮説を考察しシャイン自身が提唱した人間モデル
・急速な技術革新に伴って高度化し複雑化した産業組織においては，働く人の価値観も多様化，複雑化し，一面的な人間モデルの視点では有効なモチベーション管理は不可能であると考えられるようになった。

④複雑人	・人間は多種多様な欲求をもった複雑な存在である。 ・働く人は一人ひとり異なった欲求や目標をもっており，またそれは個々の成長や状況に応じて単一ではなく多種，多様に変化する。

あなたが経営者（人事管理者・リーダー）になったとしたら……　ワーク

　あなたがもし，経営者（人事管理者・リーダー）になったとしたら，どのような人間観をもって組織のメンバーに働きかけるでしょうか？
　①A～Dから1つ選択してください。□にチェックしてください。
　②①で選んだスタイルで実際にあなた自身がメンバーをモチベーション管理していく際に，想定されるメリット・デメリットを考えてください。

経営者の人間モデル	モチベーション管理の基本スタイル
□　A 合理的経済人モデル	「お金」（給料・賞与）でやる気をださせる
□　B 情緒的社会人モデル	「情け」（人間関係・信頼感）でやる気をださせる
□　C 自己実現人モデル	「成長できる・やりがいある仕事」を与えてやる気をださせる
□　D 複雑人モデル	やる気をださせる方法は「十人十色」

メリット（効果性，有効性など）	デメリット（リスク，コストなど）

理論からの示唆

　経営者（人事管理者・リーダー）は組織の目標達成に向かって，メンバーが自分の能力を最大限発揮して働くように，モチベーションをマネジメントする役割があります。メンバー個人の目標と組織の目標とを一致させることが集団全体の生産性を向上させることになります。
　「複雑人」モデルで組織の人を捉えられるようになると，仕事への欲求や目標は百人百様だということが理解できます。このような視点から，メンバーを動機づけする際には，一方的，単一的ではなく，一人ひとりを理解しようとするでしょう。個人を理解するためには，丁寧な対話が必要となります。
　メンバーへの理解を大切にするリーダーの姿勢は職場のコミュニケーションを活性化し，信頼関係構築を促します。結果として生産性・業績向上にもつながっていくものと考えられます。

【記入日：　　　年　　月　　日】

4. ワーク・モチベーションに関する歴史的背景

(1) はじまりはテーラー（Taylor, F. W.）の科学的管理法（scientific management）[5]から

　ワーク・モチベーションを組織経営管理の問題として捉え，組織の効率性を最初に追求したのはテーラーです。19世紀末のアメリカでは産業革命がもたらした機械化によって大量生産が行われるようになりました。しかし，多くの企業では経営的な管理は，経営者個人の経験や勘による"どんぶり勘定"のままだったため，企業間競争が激しくなるに従って，経営者と従業員間には不信感が生まれ，生産性が低下するという悪循環[6]に陥っていきました。

　このような状況の中，鉄鋼会社の機械工学技師として働いていたテーラーは，「科学的管理法」と呼ばれる管理方法を開発し，経営者に提案していきました。

　例えば，生産効率の面から熟練者の作業行動を科学的に分析し，1日の仕事量を標準化し，標準作業量より多く働いた従業員には，より多くの賃金を支払うという管理システム（差別的出来高制度）を提案しました。その他にも，照明の明るさ，休憩時間の長さ，作業トレーニングの方法等々，ワーク・モチベーションを高める方策を次々に科学的に検討しました。テーラーの「科学的管理法」は，経営者と労働者が対立しない，効率的なしくみとして多くの企業で取り入れられました。

　しかしながら，科学的管理法の根底にあるのは組織や工場を1つの機械として捉え，そこで働く人は，その機械の歯車や部品としてイメージされたものでした[7]。これはシャインの「4つの人間モデル」の「合理的経済人モデル」に該当する人間観です。労働者の意欲や創造性，人間関係などは全く考えられていませんでした。次第に経営者の間では，労働者を働かせるには，歯車に油を注ぐように「賃金を」与えていればいいのだという風潮になってしまいました。

　テーラーの科学的管理法は1920年代から30年代にかけて発展したものの，後には批判されることになりました。

(2) ホーソン研究による人間観の大転換：
「合理的経済人モデル」から「情緒的社会人モデル」へ

　ワーク・モチベーション研究の視点を，経済的・物理的環境条件の重視から，人間関係や人間性（人間らしさ）を重視するアプローチへと転換させるきっかけとなったのは，ホーソン研究と言われる一連の実証的研究です（Mayo, 1933）。

　科学的管理法が進展するなか，1924年から32年にかけてシカゴのウェスタン・エレクトリック社ホーソン工場ではメイヨー（Mayo, G. E.）を中心に，照明条件や休憩条件，作業時間などの変化が生産能率に及ぼす影響を調べることを目的として実験的研究が行われました。

---

[5] テーラーは『科学的管理の原理』（Taylor, 1911）を公刊しまったく新しい生産管理方式を提唱しました。

[6] 例えば，会社は企業競争に勝つための値引競争のコストを従業員の給料を下げることでやりくりしようとしました。従業員は頑張って働いて増産しても給料は増えないので，定時までのんびり働いてもらえるだけ給料をもらえればいいと考えるようになっていきました。

[7] 1936年，チャーリー・チャップリンが監督・製作・脚本・作曲を担当したアメリカの喜劇映画『モダン・タイムス』（Modern Times）は当時の，人間が機械の一部として労働する世の中を風刺した作品として有名です。

しかし，これらの物理的な条件と生産性との間には有意な関係は見出せませんでした。結果的には，労働者の生産性が，集団の一員として認められることや仲間とうまくやっていきたいといった職場の人間関係や連帯感に影響されることが明らかになりました[8]。

ホーソン研究によって「合理的経済人モデル」から「情緒的社会人モデル」へとその時代の人間観が大きく変わったと捉えることができます。その後は，人間関係論[9]へと発展していきました。

トピック　産業・組織心理学はどのような"科学"なのか

産業・組織心理学とは，馬場・馬場（2005）によれば「心理学の知見を応用することにより，組織とかかわりを持っている人々の行動を記述し，理解し，予測することによって，人間と組織との望ましい，あるべき関係の仕方を見出すことを目的とした科学である」と説明されています。

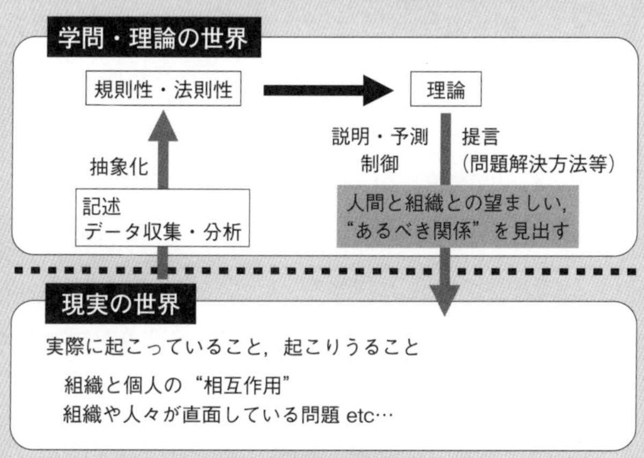

図2-4　産業・組織心理学研究の流れ[10]

---

[8] 5人の女性労働者集団に物理的な環境条件を様々に設定し，生産量に及ぼす影響を調べたところ，関係性は見出されなかったばかりか，劣悪な条件にしても，生産性はほとんど低下しませんでした。実験を繰り返し行うごとに生産量が増えるという現象のみが確認されました。この結果は，労働者が実験に参加することによって普段とはちがって作業監督者から監視されず，研究者に人間的な対応を受けたことにより，参加するごとに仲間との連帯感や作業への忠誠心を高めていったことが，生産性に大きく影響したのだと解釈されました。すなわち，生産性向上の原因は労働者の人間関係や心情にあると推測されました。

[9] 人間関係論：科学的管理法に代表される個人の経済的な要因だけを重視する経営管理に対して，個人の人間性（感情やコミュニケーション）を重視した組織管理技法上のアプローチを指します。現在にも続く研究テーマである職務満足・動機づけ，リーダーシップ研究などの研究が生み出されました。企業組織管理にも応用され，提案制度，苦情処理制度，面接制度，従業員意識調査等へと発展しました。しかし，人間関係論が広まるにつれて，様々な点から批判も高まりました。例えば，組織の本質的な問題をすべて人間関係で解決しようとすることは，経済的な面からみた組織効率や技術体系の問題を軽んずることになります。現実の組織の中で，科学的管理法に基づく経済合理性か，人間性尊重かの二者択一的な考え方への限界点が指摘されるようになりました。1950年代には現実の組織管理に浸透した人間関係論も，60年代に入ると急速に衰退することになります。

[10] 理論は既存の理論が検証，批判されることによって，より予測性が高い新たな理論が生み出されるというサイクルによって発展しています。本章で解説する古典的な理論には実証性などにおいて多くの批判がなされていますが，"普遍的な要素"も多くあり，現在の理論発展の基礎となっています。

> 図2-4に示したように，研究者はまず，産業組織における現象を見つめ，データを収集，分析し，何らかの法則性や規則性を見つけ出し，それらを説明する理論を構築します。理論を説明，予測，制御というかたちで，現実の産業組織の実践的活動に適用します。また実践活動を通して理論の真価，有効性を検証します。
>
> 実践的な学問として学ぶポイントは，これ1つさえあれば，目の前で起きている問題を解決できるといった魔法の理論やフレームは存在しないということを理解しておくことです。
>
> 私たちが生きている，現実の世界ほど混沌とし複雑なものはありません。研究者たちが積み上げてきた成果を，組み合わせて，実践に活用していくというスタンスで学んでいくことが大切です。

5. ワーク・モチベーションの理論

(1) ワーク・モチベーション理論の分類

ワーク・モチベーションに関する理論[11]は研究者によって様々に分類されていますが，この章では内容理論と過程理論とに大きく2つに分類する考え方に従って理論を整理します（表2-4）。

表2-4 内容理論と過程理論の説明領域と代表的な理論

	主要な説明領域	代表的な理論
内容理論	・何（What）が行動を引き起こすのか ・何（What）が行動を方向づけるのか ・行動の原因（欲求）	マズローの欲求階層理論 アルダーファのERG理論 マクレランドの達成動機理論 マクレガーのX理論・Y理論 ハーズバーグの動機づけ-衛生要因理論
過程理論	・どのように（How）行動が継続，維持されるのか ・行動が生起する流れや目標達成までのプロセス	アトキンソンの達成動機理論 ヴルームの期待理論 ロックとレイサムの目標設定理論 バンデューラの社会的認知理論 アダムスの公正理論

(2) 欲求階層説

モチベーションを，人間の動作や作業態度などの外面に表われた振る舞いからではなく，人間の内面にある基本的欲求から捉えようとしたのは，マズロー（Maslow, 1943, 1954）です。

表2-5に示すように，マズローは，人間の基本的欲求を低次から高次の順序で5つに分類し，階層構造を提示しました。欲求階層説では，上位の欲求は下位の欲求が満たされて，はじめて発生するものと仮定されます。

---

[11] 例えば，小野（2005）は，欲求に基づく理論・職務に基づく理論・認知プロセスに基づく理論の3つに整理しています。

表 2-5　マズローの欲求階層説

階層	基本的欲求	内容	特徴
第一層	生理的欲求	空腹・渇き・性・呼吸など人間の生命維持に関係がある欲求	「欠乏欲求」 (充足されると減少する)
第二層	安全と安定の欲求	戦争・災害・犯罪・病気・失業などを避け，安定した生活を求める欲求	
第三層	所属と愛の欲求	何らかの集団に所属し，友人，恋人，家族などの他者との愛情に基づくよい関係を求める欲求	
第四層	承認（尊敬）欲求	他人から認められ尊敬されたいと思い，評判・名声・注目などを求める欲求，自尊心，業績，強さ，など自分自身への高い評価をもちたいという欲求	
第五層	自己実現欲求	自分が潜在的にもっている可能性を最大限に発揮し，自分がなりうるものになりたいという欲求	「成長欲求」 (充足されても減少せず，さらに高められていく)

● 欲求階層説の考え方

　図2-5のように階層の第一層には生理的欲求があり，これが満たされると安全と安定を求める欲求が生じ，これも満たされると次の第三層へと段階を経て欲求が発達していきます。第一層から第四層までは，その欲求が満たされないと，欠乏による緊張を生じさせ，人を行動へと駆り立てることから，欠乏欲求と命名されています。欠乏欲求がすべて充足されると，最終的に第五層にある自己実現欲求が生じます。自己実現欲求は自己成長や創造活動と関連した最も人間らしい欲求です。欠乏欲求は充足されると減少するのに対して，自己実現欲求は一時的に満たされても，減少することはなく，さらに高められていく欲求なので「成長欲求」と呼ばれます。

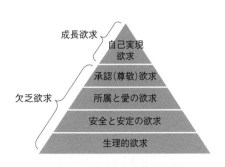

図 2-5　マズローの欲求階層説

　マズローの理論は次に解説する，マクレガー（McGregor, D. M.）にも多大な影響を与えました。

(3) X理論とY理論

　マクレガー（McGregor, 1960）は，表2-6に示したように，経営管理者がもつ人間観（従業員に対する見方）として2つの理論，X理論とY理論が存在すると仮定しました。

　また，図2-6に示したように欲求階層説の考え方をベースとして，2つの理論を対比させ，X理論は，モチベーション向上に対する不適切なアプローチであることを強調し，Y理論的特性を引き出すような経営管理の必要性を主張しました。

表 2-6　X理論・Y理論の考え方

X理論	①人間は生来仕事が嫌いで怠惰である。 ②たいていの人間は強制，統制，命令，処罰することがなければ企業目標達成のために能力を発揮しない。 ③普通の人間は受け身で，責任を回避したがり，あまり野心をもたず，何よりも安全を望んでいる。	⇒ 統制，指導，命令による管理が中心（アメとムチ）。
Y理論	①仕事で心身を使うことは遊びや休憩と同じで自然なことである。 ②外からの圧力がなくても自分が認めた組織の目標のためには，自ら自分にムチを打って働くものである。 ③目標達成のために貢献するかは，それを達成して得る報酬次第である（報酬で重要なのは自己実現の欲求の満足）。 ④普通の人間は，条件次第では責任を引き受けるばかりか，自ら進んで責任を取ろうとするものである。 ⑤企業内の問題を解決するための想像力や創意工夫する能力はたいていの人に備わっているものである。 ⑥現代企業では，従業員の知的能力の一部しか生かされていない。	⇒ 統制，指導，命令による管理が唯一絶対ではない。状況に即した管理が必要になる（目標管理，参画的経営，権限委譲などによるモチベーション向上のための施策へ発展）。

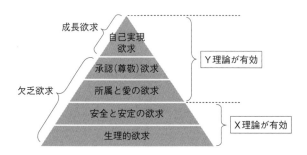

図 2-6　マズローの欲求階層説とマクレガーのX理論・Y理論の関係

（4）ERG理論

　アルダーファ（Alderfer, 1972）は，表2-7に示したように，マズローによる人間全体の5つの欲求階層説[12]を修正し，仕事の場面に関連する3つの欲求を基に理論を再構築しました。生存（E：Existance）・関係（R：Relatedness）・成長（G：Growth）の3つの欲求の頭文字をとってERG理論といわれています。

表 2-7　マズローの欲求階層説とERG理論の対応関係・仕事場面での欲求階層

マズローの欲求階層説との対応	ERG理論	労働場面での欲求
自己実現 尊敬	成長	・人間らしく生きることや成長を求める欲求 ・自分や環境に対して創造的，生産的であろうとする欲求
承認 所属と愛 安全と安定（人間関係）	関係	・人間関係（上司・同僚）の維持と発展を求める欲求
安全と安定（物質的） 生理的	生存	・賃金・物理的労働条件

---

[12] マズローの理論は働く人を対象として考えられたものではなく，臨床外来での神経症患者，私生活に問題を抱えている人の観察に基づいていました。

● ERG 理論とマズローの欲求階層説との違い

図 2-7 に示したように，マズローの欲求階層説と同様に，低次から高次へと欲求の次元が階層構造をなしていると考えます。ERG 理論がマズローの説と異なるのは，階層が厳格な構造ではなく，同時に2つの欲求をもつことや，低次の欲求である「存在」と「関係」の欲求が満たされない場合でも，高次の「成長」欲求をもつこともありえると考える点にあります。

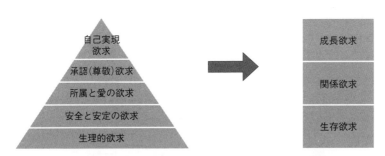

図 2-7　人間全体の欲求階層から仕事場面の欲求階層へ

(5) 動機づけ－衛生理論

「個人の遂行する職務の性質」に着目し，実証的研究によって，職務満足，不満足，モチベーションの関係性を検討したのは，ハーズバーグ（Herzberg et al., 1959; Herzberg, 1966）です。ハーズバーグは生産性を向上させ，離職や無断欠勤を減らし，円滑な労使関係を構築する方法を見つけることを目的として，200人の技術者と会計士に面接調査を行いました。質問内容は，

　　あなたが今の仕事または，今まで経験した仕事について，特に良く感じた，または悪く感じたときのことを思い出してください。何が起こったのかを話してください。

というものでした。
　調査の結果，次のようなことが明らかになりました。

・仕事場面で人の満足に影響を及ぼす要因は「動機づけ要因」と「衛生要因」の2つある。この2つはまったく違った特質をもっている。
・「動機づけ要因」で人間は満足する。しかし，「動機づけ要因」が満たされなくても，不満足を感じるわけではない。
・「衛生要因」をいくら充足しても不満足感が減少するだけで，モチベーションには影響しない。しかし，「衛生要因」が不足すると不満がつのる。

調査で見出された動機づけ要因と衛生要因をまとめたものが表 2-8 です。

表 2-8　動機づけ要因と衛生要因

	内容	充足	不足	特徴
動機づけ要因	達成 承認 仕事そのもの 責任 昇進	・満足感をもたらす ・仕事への動機づけ促進	・不満感に関係しない ・満足なし	長期的に持続するものが多い
衛生要因	会社の施策と経営 監督技術 給与 対人関係 作業条件	・不満感を低める ・仕事への動機づけと無関係	・不満感をもたらす	短期的，一時的にしか満たされない ⇒衛生要因追求者は慢性的に不満をもつことになる

表 2-9　従来の理論と動機づけ-衛生理論の相違点

	要因	状態の捉え方
従来の理論	区別なし	不満足 ←→ 中立 ←→ 満足 1次元的
動機づけ-衛生理論	衛生要因	不満足 ←→ 不満なし
	動機づけ要因	満足なし ←→ 満足 2次元的

　ハーズバーグは仕事に関する満足をもたらす要因（＝「動機づけ要因」）と不満をもたらす要因（＝「衛生要因」）は異なるものであったという結果から，人間の「満足」「不満足」は表裏一体の連続的なものではなく，2つの別個の連続体として捉えました。

　表 2-9 に示したように，満足をもたらす要因の欠如は「満足なし」，不満足をもたらす要因がなければ「不満足なし」という状態をもたらすと考えたのです。この結論は当時「新しい」視点として大きな論議の的になりました。

　表 2-8 の特徴をみてわかるように，動機づけ要因は「長期的に持続するものが多い」のに対して，衛生要因は「短期的，一時的にしか満たされないことから，衛生要因追求者は慢性的に不満をもつことになる」とされます。ハーズバーグは人が満足して働くためには，仕事によって「成長の欲求」が充足されることが大切だと説明します。衛生要因が短期的な満足しかもたらさないのは，環境条件がいくら充足されても「成長の実感」を与えることができないからだとし，働く人に「成長の実感」を与えてくれる，動機づけ要因にこそ注意を向けるべきだと主張しました。

働く自分の姿をイメージする！：職務満足[13]の測定　　ワーク

「職務満足」とは，組織で働く人が自分の仕事について抱く「満足」で肯定的な良い感情のことです。職務満足を測定する尺度として多く活用されている MSQ（Minnesota Satisfaction Questionnaire）[14]の日本語版「日本語版ミネソタ式職務満足感尺度短縮版[15]」（高橋，1999）を題材として，働く自分の姿を思い描いてみましょう。

①「日本語版ミネソタ式職務満足感尺度短縮版」の1～20の項目の中から，将来あなたが働いていくうえで「重要だ」（譲れないもの）と思う項目を3つ選択し，重要な順番に記入してください。
②なぜその項目を選んだのか，理由を書き込んでください。

【日本語版ミネソタ式職務満足感尺度短縮版の項目】

1	やるべき仕事がいつもある
2	一人きりで仕事ができる機会がある
3	その時々に違った仕事ができる
4	会社で「仕事がよくできる人」「役に立つ人物」として認められている
5	私の上司の部下（私）の扱い方
6	私の上司の物事を判断・決断する能力
7	私の良心に反しない仕事ができる
8	よい仕事をすればクビにならずにずっと勤め続けていられる
9	他の人のために何かしてあげられる
10	他の人に何かをするように命令する
11	私の能力を活用して，何かをする機会がある
12	会社の方針に従って自分の仕事をする
13	仕事の量にたいする給料の額
14	今の仕事での昇格のチャンス
15	自分自身で仕事上の判断ができる自由
16	仕事をするときに，自分独自のやり方を試してみる自由
17	仕事の環境（光熱・換気など）
18	私の同僚（仕事仲間）と，お互いに仲良くやっていくこと
19	よい仕事をしたときに受ける賞賛
20	自分の仕事から得られる達成感

---

13) ロック（Locke, 1976）は「職務満足とは，仕事や仕事における経験の評価からもたらされる喜ばしい感情，もしくは肯定的な感情である」と定義しています。
14) ワイスら（Weiss et al., 1967）が開発しました。
15) 実際は5段階で評定（1点：非常に不満足である～5点：非常に満足である）します。全項目の合計得点が全般的な職務満足感の指標として用いられます。

【私の職務満足重要度ベスト3】

ベスト1	選んだ理由：
ベスト2	選んだ理由：
ベスト3	選んだ理由：

【記入日：　　　年　　月　　日】

(6) 達成動機理論

達成動機[16]とは，ある目標を設定して，高いレベルで達成できるように成し遂げようとする欲求のことです。達成動機の高い人の特性として，中程度のレベルの課題を好み，現実的な目標設定を行い，自分の行った課題について具体的で迅速なフィードバックを求める，ということなどが明らかにされています。

●マクレランド（McClelland, D. C.）の達成動機理論

マクレランド（McClelland, 1961）[17]は，働く人がもつ主要な欲求として，達成欲求，権力欲求，親和欲求の3つを提示しました。それぞれの欲求の説明とその欲求が高い人の特徴は表2-10のとおりです。マクレランドは仕事を遂行するうえで，これら3つの欲求の重要性は状況[18]に応じて変化するものと説明しています。

---

16) マレー（Murray, 1938）は達成動機の内容として「①困難なことを遂行し，自然・人間・思想を支配・操作・組織すること，②これらをできるだけ早く，自力で行うこと，③困難を克服し高いレベルで達成すること，④自己に打ち勝つこと，⑤他者と競争して勝つこと，⑥才能をうまく使って自尊心を高めること」を挙げています。マレーはアメリカの心理学者で，人間の行動は内面的な欲求と，環境からの圧力との相互作用により規定されると考え，欲求＝圧力理論を提唱しました。
17) マクレランドは恩師であったマレーの影響を受け，働く人がもつ主要な欲求に着目しました。
18) 仕事で成果を出すためには達成欲求が必要不可欠ですが，自分の課題への達成欲求だけでは組織で成果を上げることはできません。特にリーダーは部下を動かすこと（権力欲求）や社内外からの協力を得ること（親和欲求）が，高いレベルで仕事を成し遂げるための鍵となります。

表 2-10　達成欲求・権力欲求・親和欲求の説明と高欲求者の特徴

	説明	高欲求者の特徴
達成欲求	ある一定の目標に対して努力し，高い水準で成功，達成したいという欲求。	・自分の課題の達成に最大の関心があるので一人で行う仕事や作業を望む ・中程度のレベルの課題を好む ・責任を取ることを好む ・自分の行った課題について，具体的で迅速なフィードバックを求める
権力欲求	他者に働きかけて影響力を行使したいという欲求。	・権限や責任を与えられることを望む ・指示されるよりも，他者をコントロールしたり，影響力を行使することを望む ・地位や身分を重視する状況を好む
親和欲求	他者に好かれたい，受け入れて欲しいという願望，友好的で親密な人間関係を求める欲求。	・競争よりも協力的な関係を求める ・人間関係での相互理解を求める

●アトキンソン（Atkinson, J. W.）の達成動機理論

　マクレランドと共同研究者だったアトキンソン（Atkinson, 1957）は，ワーク・モチベーションを構成する3つの欲求として，達成欲求，権力欲求，親和欲求を想定しています。
　アトキンソンの新しい視点は，図2-8に示したように目標達成への動機を，成功を求めチャレンジしようとする「接近傾向」と，失敗を回避しチャレンジすることを避けようとする「回避傾向」との合成だと考えた点です。
　それまでほとんど取り上げられることのなかった，目標達成に関する，不安感や失敗への恐れを想定している点に特徴があります。この「接近傾向」と「回避傾向」はモチベーションの方向性が真逆のイメージになります。
　図2-9に示したように，アトキンソンは，成功への期待[19]（主観的な確率）が中程度の課題のとき，接近傾向が最も強くなると仮定しました。

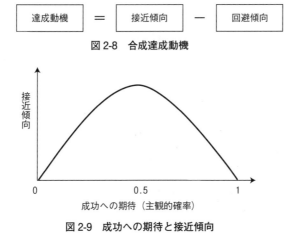

達成動機　＝　接近傾向　－　回避傾向

図 2-8　合成達成動機

図 2-9　成功への期待と接近傾向

---
[19]「期待」（expectancy）は主観的確率や予想を指す言葉です。日常用語とは違い，望ましくない出来事への予想も含まれます。

その根拠は次のような考え方によるものです。

接近傾向の強さは，成功したいという動機，成功への期待，成功の価値の3つの要素の積で表わされます。このモデルでは，成功への期待は「0から1の間の数値」として表され，「成功の価値＝1－成功への期待」と仮定されています。

※成功の価値＝1－成功への期待

図 2-10　接近傾向の強さ

成功への期待が低いほど価値は高くなり，成功への期待が高いほど価値は低くなるので，結果として，成功への期待と価値が中程度（0.5の値）のとき接近傾向は最も強くなるという予想が導かれます。

アトキンソンの達成動機理論の問題点として，金銭的報酬などの外発的報酬を考慮していない点が指摘されています。

例えば，「絶対に成功できる」と確信していて（成功する期待が100％に近い），かつ成功したときの報酬は，のどから手が出るほど欲しいものだった場合，接近傾向は下がるでしょうか。

アトキンソンが「成功の価値（魅力）」として想定していたのは，物理的な価値というより，達成感や，やりがいなどの内面的な価値であったと考えられます。

今のあなたの"頑張り"はどこからやってくるのか：達成動機測定尺度[20]　ワーク

「ものごとを最後までやり遂げたい」「困難なことにも挑戦し，成功させたい！」という「やる気」が達成動機です。達成動機測定尺度（堀野・森，1991）を題材に，今の自分自身のやる気のもとを探ってみましょう。

※あなたの測定結果は働く環境の変化とともに変化します。固定的なものではありません。

① 1～23までの項目について「7：非常によくあてはまる」～「1：全然あてはまらない」であなたにあてはまる数字を1つ選択し，〇印をつけましょう。

② 項目番号（1, 3, 4, 6, 7, 8, 10, 12, 14, 16, 19, 21, 23）の合計（sfの印の項目）を，項目数 13 で割ります。

　A：「自己充実的達成欲求」が算出されます。

③ 項目番号（2, 5, 9, 11, 13, 15, 17, 18, 20, 22）の合計を，項目数 10 で割ります。

　B：「競争的達成欲求」が算出されます。

---

20) 個人差としての達成動機は主題統覚検査で測定されてきましたが，投影法の問題点に対する批判から態度質問で測定する方法が考案されています。ここでは達成動機尺度（堀野・森，1991）を題材にします。

【達成動機測定尺度（堀野・森, 1991）】

	項　目	非常によくあてはまる	ほとんどあてはまる	少しあてはまる	どちらともいえない	あまりあてはまらない	ほとんどあてはまらない	全然あてはまらない
sf	1　いつも何か目標をもっていたい	7	6	5	4	3	2	1
	2　ものごとを他の人よりうまくやりたい	7	6	5	4	3	2	1
sf	3　決められた仕事の中でも個性をいかしてやりたい	7	6	5	4	3	2	1
sf	4　人と競争することより，人とくらべることができないようなことをして自分をいかしたい	7	6	5	4	3	2	1
	5　他人と競争して勝つとうれしい	7	6	5	4	3	2	1
sf	6　ちょっとした工夫をすることが好きだ	7	6	5	4	3	2	1
sf	7　人に勝つことより，自分なりに一生懸命やることが大事だと思う	7	6	5	4	3	2	1
sf	8　みんなに喜んでもらえるすばらしいことをしたい	7	6	5	4	3	2	1
	9　競争相手に負けるのは悔しい	7	6	5	4	3	2	1
sf	10　何でも手がけたことには最善をつくしたい	7	6	5	4	3	2	1
	11　どうしても私は人より優れていたいと思う	7	6	5	4	3	2	1
sf	12　何か小さなことでも自分にしかできないことをしてみたいと思う	7	6	5	4	3	2	1
	13　勉強や仕事を努力するのは，他の人に負けないためだ	7	6	5	4	3	2	1
sf	14　結果を気にしないで何かを一生懸命やってみたい	7	6	5	4	3	2	1
	15　今の社会では強いものが出世し，勝ち抜くものだ	7	6	5	4	3	2	1
sf	16　いろいろなことを学んで自分を深めたい	7	6	5	4	3	2	1
	17　就職する会社は社会で高く評価されるところを選びたい	7	6	5	4	3	2	1
	18　成功するということは名誉や地位を得ることだ	7	6	5	4	3	2	1
sf	19　今日一日何をしようかと考えることはたのしい	7	6	5	4	3	2	1
	20　社会の高い地位をめざすことは重要だと思う	7	6	5	4	3	2	1
sf	21　難しいことでも自分なりに努力してやってみようと思う	7	6	5	4	3	2	1
	22　世に出て成功したいと強く願っている	7	6	5	4	3	2	1
sf	23　こういうことがしたいなあと考えるとわくわくする	7	6	5	4	3	2	1

A：自己充実的達成欲求（1, 3, 4, 6, 7, 8, 10, 12, 14, 16, 19, 21, 23）　　合計（　　）÷13
B：競争的達成欲求（2, 5, 9, 11, 13, 15, 17, 18, 20, 22）　　合計（　　）÷10

結果の見方と自己成長へのヒント

あなたの得点を記入してください。

A:	B:

AとBのどちらの得点が高かったでしょうか？

A:「自己充実的達成欲求」が高い

たとえ人には認められなくても，自分で価値があると感じることをやり遂げたい，という思いが「やる気」の源泉となっています。

⇒ものごとに対して自分なりの達成基準を設定することができる人です。与えられた課題に対しては，組織で求められている基準と自分の基準とのすり合わせをしながら到達目標を決めると生産性の高い仕事がしやすいでしょう。

さらに成長するためには，ある課題に対する自分なりの達成基準を固定させずに，柔軟に少しずつ上げていくイメージで取り組んでいくことを勧めます。

B:「競争的達成欲求」が高い

ライバルをしのぐことや他者に勝つことによって，社会から認められたいという思いが「やる気」の源泉となっています。

⇒競争する環境やライバルの存在があなたのやる気を刺激します。よきライバルが見つかると切磋琢磨しながら成果を上げていくことができるでしょう。ただし，競争して勝つことだけを意識しすぎると「落ち込みやすい」側面もあるので上手に自己コントロールすることが大切です。

【記入日：　　　年　　月　　日】

(7) 公正理論

働く人の「公平感」がモチベーションに影響することを明らかにし，組織における報酬や評価の公正性の重要性を示したのはアダムス（Adams, 1965）です[21]。

●**公正理論の要点**

・人は自分が仕事のために注いだと感じるすべての「入力」（貢献・努力・時間・教育・経験など）と，仕事から得られたと感じるすべての「結果」（給料・正当な評価・ポジション・作業環境など）との比率を他者と比較する（表2-11）。

・自分と他者の比率が同じ場合は公平感，同じでない場合には不公平感が生じる。不公平を生じさせるパターンは，自分の比率が他者より大きい場合と，小さい場合の2つある。

---

[21] 当時，アダムスの公正理論は生産性への予測性が低いとの批判を受け，産業・組織心理学者の関心は期待理論に移っていくことになりましたが，現代にも通じる組織経営の視点を明確に警告した研究として意義があるとされています（例えば「人は自分が得られる報酬の絶対額ではなく，他者と比較するなかで，処遇の公平さを判断する」「社員が働き成果を上げたら，それに応じた公平な評価を行う必要がある」ことなどを実験的研究によって検証しています）。

表2-11 「公平」・「不公平」とモチベーションの関係

比　　較		比較の結果
$\dfrac{自分の結果}{自分の入力} = \dfrac{他者の結果}{他者の入力}$	公平感	モチベーション維持
$\dfrac{自分の結果}{自分の入力} > \dfrac{他者の結果}{他者の入力}$ $\dfrac{自分の結果}{自分の入力} < \dfrac{他者の結果}{他者の入力}$	不公平感	バランスをとるための調整行動 ①「入力」や「結果」への考え方を歪める ②状況から離れる，あきらめる ③「入力」を変える ④「結果」を変える ⑤比較する他者を変える

・人は不公平感をもつと解消しようとし，バランスをとるための調整行動をする。調整行動には5つのパターンがある（表2-11）。
・フェスティンガー（Festinger, 1957）の認知的不協和理論が理論のベースになっている。

●フェスティンガー（Festinger, 1957）の認知的不協和理論

認知的不協和理論は，20世紀を代表する社会心理学者の1人であるフェスティンガー（Festinger, 1957）によって体系化された理論です。

「認知的不協和」とは人が自分自身の中で相容れない矛盾する2つの認知（考え・意見・思いなど）を同時にもつときに生じる緊張状態のことです。このような緊張状態は不快，不愉快であるため，人は不協和を解消しようと動機づけられます。フェスティンガーは，不協和を解消するためには，①関連する認知の要素の重要性を減少させる，②情報に新しい認知要素を加える，③不協和な要素の一方または両方を変える，という方法があると説明しました。

図2-11の具体例で考えてみましょう。

フェスティンガーは私たちの認知（認識，考えや感じ方）の要素には3種類の関係性があるとしました。

「a-c」のように認知の要素間に不協和が生じているとき，人は不快な状態になり，その不協和を解消しようとします。この場合は，お酒は肝臓に悪いことを知りながら毎晩お酒を飲むと

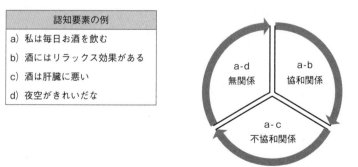

図2-11　認知的不協和における認知要素の関係

いう行動は，自分自身の中で矛盾を抱えることになりますので，いずれかの方法でそれを解消しようとすると説明できます。

①関連する認知の要素の重要性を減少させる
　　自分は酒に強い体質だから，肝臓に悪いという情報は当てはまらないと思う
②情報に新しい認知要素を加える
　　昔から「酒は百薬の長」と言われている，長生きしている人に酒好きの人が多いそうだ
③不協和な要素の一方または両方を変える
　　休肝日をつくる

　このように，認知的不協和理論では，人は自分自身の中で矛盾する考えや思いを同時に抱えていることには耐えられず，その状態を解消しようと動機づけられると考えます。不協和が大きくなるほど，モチベーションも強くなると仮定されます[22]。

●具体例を用いて考えてみましょう

> 営業企画職のAさんはBさんよりも3割以上も多く働いています。企画書が通る数，プロジェクト化される企画の数も毎月Bさんを上回っています。しかし人事評価ではまったく差がつかず給料は上期，下期とも同額のままです。Aさんはどうするでしょうか？　公正理論で推測してみましょう。

AさんとBさんの比率

$$\frac{Aさんの結果}{Aさんの入力} < \frac{Bさんの結果}{Bさんの入力}$$

⇩

Aさんは不公平を感じ，解消しようとすると推測されます。

⇩

結果として，次の5つの行動パターンが考えられます。

> ①「入力」や「結果」への考え方を歪める
> 　→「Bさんは今はまだ成果が出ていないけれど，実は自分の知らないところで努力しているのだ」と思うようにする
> ②状況から離れたり，あきらめる
> 　→「この会社でいくら頑張っても報酬が増えそうもないから，転職しよう」と考える
> ③「入力」を変える
> 　→仕事の時間を減らす，努力を減らす
> ④「結果」を変える
> 　→今よりももっと給料を上げてもらうように，上司や人事部と交渉する
> ⑤比較する他者を変える
> 　→自分よりももっと働いて，会社に貢献している人と比較する

---

[22] 人間には「自分には一貫性があると思いたい」「自分は正しいと思いたい」という強い欲求があると考えられています。精神分析学ではこのような現象を「合理化」と呼びます。

以上のように，公正理論は人間が本来「公平・公正な扱いを受けたい」という欲求をもっていることを前提[23]とし，このような欲求が行動に結びつくプロセスを解明しようとしています。現実場面で適応することを考えた場合，問題点[24]としては，次のような指摘がなされています。

- "他者"の分類に入れる比較相手をどのように決めるのか不明確である。
- 「入力」「結果」をどのように定義するのか，総計をどう決めるのかがわからない。
- 時間的な変化については検討されていない。

●公正な手続きの条件

　仕事場面における報酬の分配を考えた場合，一人ひとり職務や役割が違っており，貢献度を1つの基準で評価し，それに応じて給料を公平に分配することは困難です。また，働く個人が比較相手の貢献や結果を把握することも難しいでしょう。

　レブンソール（Leventhal, 1980）は報酬を分配するプロセスに着目し，「公正な分配である」と評価される手続きの条件を挙げています（表2-12）。

表2-12　公正な手続きの条件

条件	内容
①一貫性	どの相手でも，どの場合でも一貫した手続きであること
②偏見のない判断	えこひいきや偏見に基づく考えに影響されないこと
③正確さ	正確な情報による判断であること
④訂正の可能性	報酬分配が決定される過程で，訂正する機会が用意されていること
⑤代表性	集団の中で重要とされる人々の考えや価値観が報酬分配の過程に反映されていること
⑥倫理性	手続きが基本的な常識や倫理観に反していないこと

---

[23] 「えこひいき」は自分がされるのも，他人がされている場面を目にするのも気持ちのよいものではありません。公正理論の前提となる考え方は，感覚的には理解しやすいのではないでしょうか。

[24] このような問題点からアダムス（Adams, J. S.）の公正理論は生産性への予測性が低いとの批判を受け，当時の産業・組織心理学者の関心は期待理論に移っていきました。

えこひいきを排除する，リーダーの働きかけを考える　ワーク

あなたが職場のリーダー（経営者，人事管理者，上司）だとしたら，メンバー・部下が「不公平だ」「えこひいきだ」という不公平感をもたないように，どのような点に配慮するでしょう？　メンバー・部下への仕事の評価の仕方や接し方など，自分のアイディアを記入し[25]，話し合ってみましょう。

【記入日：　　　年　　月　　日】

(8) 期待理論

　私たちは，ある行動をとろうとするとき，その行動が成功する確率や，行動した結果に得られる報酬の価値や魅力について自分なりに計算することがあります。このような"損得勘定"がモチベーションに与える影響を研究したのはヴルーム（Vroom, 1964）[26]です。

　図2-12に示したようにヴルームはモチベーションを「行動の結果」「誘意性（結果の価値・魅力）」「期待（ある行動がある結果をもたらす主観的な確率）」の3つの要素で捉え，以下のように，それらの積でモチベーションの高さを表わしました[27]。

---

[25] 例えば，評価の基準をきちんと説明する，具体的な事実に基づいて評価をするなど。

[26] ヴルーム（Vroom, 1964）はそれまで蓄積された先行研究を展望し統合して，職業選択から職務上の業績に至るまで，仕事に関するすべての行動を説明すべく期待理論を構築しました。白樫（2011）はヴルームとの交流体験を踏まえて，履歴，業績，および思い出を詳細にまとめており参考になります。

[27] ヴルームのモデルを，ポーターとローラー（Porter & Lawler, 1968）は現実の仕事の場面で活用できるように修正しました。「期待（expectancy）」を"努力すれば業績に結びつく"という期待と"業績が望ましい結果を導く"という期待の2種類に分離し，精緻化を試みました。

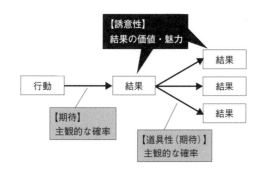

図 2-12　ヴルームの期待理論

　　モチベーションの高さ＝期待×誘意性[28]
　　　※ただし誘意性＝Σ（2次的結果の道具性×誘意性）

上記の式からは，行動が成功に結びつく期待と結果の魅力が高いほどモチベーションは強くなると想定されます。

● 具体例を用いてモチベーションの強さを考えてみましょう

> 営業開発課長のAさんは2つの仕事を同時に頼まれました。一方は大口の取引先企業からの企画書の作成，もう一方は直属の上司からの社内報告書の作成です。提出の締め切り日は両方とも3日後です。Aさんはどちらの仕事を選ぶでしょうか。

・期待：（努力すれば3日間で相手に要求されているレベルで成果物を完成できる確率）
　　－取引先からのタスク：70％（0.7）
　　－直属の上司からのタスク：80％（0.8）
・2次的結果：それぞれの仕事を選んだ場合には表 2-13 のような派生的な出来事が生じると考えられます（表 2-13）。

表 2-13　期待理論による予測

依頼者	2次的結果	誘意性	道具性	積
取引先 (E=0.7)	大口契約が取れてボーナスが上がる	0.9	0.6	0.54
	取引先との信頼関係が深まる	0.9	0.5	0.45
	上司との関係がまずくなる	-0.8	0.1	-0.08
			合計	0.91
直属の上司 (E=0.8)	査定が上がる	0.9	0.6	0.54
	社内で評価される	0.7	0.4	0.28
	取引先から対応がよくないと思われる	-0.7	0.3	-0.21
			合計	0.61

---

28) $F = E \times \Sigma (I \times V)$
　　［F］：モチベーション（force）／［E］：期待（expectancy）／［I］：道具性（instrumentality）／［V］：誘意性（valence）

・動機づけの強さ
　取引先タスク ＝ 0.7 × 0.91 ＝ 0.637
　直属の上司タスク ＝ 0.8 × 0.61 ＝ 0.488
・A課長は，取引先からの依頼を選択することになります。

　期待理論は，経営学にも影響を与え，モチベーションを考えるうえでの代表的な理論として位置づけられていますが，問題点もあります。
　期待理論の前提は人間の行動は「合理的な計算」に基づくという考え方です。
　しかしながら，私たちはいつも計算をしてから行動を選択するわけではありません。現実の職業生活において「期待」や「価値・魅力」を推定するのは煩わしく，容易ではないことが推測できます。

(9) 目標設定理論

　期待理論からは，行動が成功に結びつく主観的確率と結果の魅力が高いほどモチベーションは高くなると想定されますが，実際の仕事場面では，結果に結びつく可能性も，その価値や魅力もわからないことがほとんどです。
　意欲を高めるために，より実践的な方法はあるのでしょうか？
　この問題に明確な答えを与えてくれるのが，ロックとレイサム（Locke & Latham, 1984）の目標設定理論です。目標設定理論では「具体的で困難な目標が，課題達成の動機づけを強め，業績を向上させる」と考えます[29]。

　数多くの実証的研究で目標の具体性と困難さが業績を向上させることが示されてきました。レイサム（Latham, 2007）は20世紀末までに少なくとも8ヶ国100種類以上の仕事で4万人以上を対象に調査が行われてきたことを報告しています。
　目標設定理論では，具体的で困難な目標が業績向上に結びつくためには，3つの要素が必要とされています。①目標の受け入れ，②フィードバック，③自己効力感です。

　①目標の受け入れは，具体的で困難な目標が設定されても，目標自体が本人にとって「どうでもいいもの」だと全く影響がないということになりますから前提条件といえます。
　②フィードバックとは，結果に関する知識や情報を与えることです。仕事の進行状況と目標との差を知らせることによって，その後の努力を調整するのに効果があります。目標達成まであとどれくらい頑張ればいいのか，どのような努力をすればいいのかがわかると意欲は高まります。

---

[29] この理論の出発点となったのは，アメリカ南部の山村地方で働く伐採職人の生産性に関する調査研究でした。調査では伐採班を2チームに分け，一方の条件では目標設定として伐採する本数についての「具体的で困難な目標（1日○本伐採せよ）」を与え，もう一方の条件では「ベストを尽くしてできるだけたくさん伐採するように」と伝えました。支払いは出来高制でした。1週間の内に目標設定条件の班は生産性も出勤率も「ベストを尽くせ」という条件を大きく上回るようになりました。その後の面接調査を通して，困難な目標を与えられた職人たちは，目標設定によって，目的意識や挑戦意欲をもち，退屈な仕事だと思っていた仕事に意味（興味や誇り）を見出していたことが明らかになりました。

③自己効力感[30]とは，ある課題を達成できるという信念です。「やればできる」という自信のような意味です。自己効力は，それ自体が業績を高めることに効果があることが実証されていますが，その他にも目標のレベルを高く設定するような間接的な効果があります。

●「高業績サイクルモデル」

ロックとレイサム（1990）は，それまでの実証研究を統合して「高業績サイクルモデル」を構築しました。

図2-13に示すように，①このモデルで高い業績を上げる原動力となるのは具体的で困難な目標と，それを達成できると思う自信，自己効力感です。

②目標と自己効力感は，行動の方向性と努力の量，目標達成までの持続性に影響します。

③さらに，目標と自己効力感は効率よく目標を達成するための戦略を発見しようという意欲を高めます。

④目標が業績に与える効果は，能力，成長可能性のある職務特性，状況的制約，フィードバック，目標へのコミットメント[31]によって調整されます。

⑤業績に対する報酬がもたらされることによって，高い満足感が生まれます。

⑥その結果，今の組織にとどまり，さらに高い目標に取り組もうとする意思を強めていくものと想定されています。

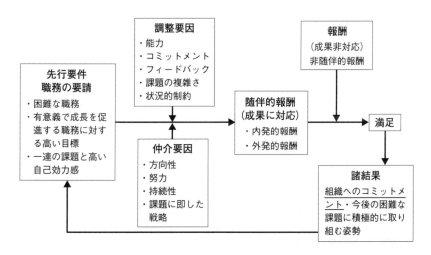

図2-13　高業績サイクルモデル（Locke & Latham, 1990）

---

30) バンデューラ（1997）によると自己効力感の源泉は次の4要因があり，最も自己効力感への影響力が強いのは「①遂行行動の達成」とされます。
①遂行行動の達成（Performance Accomplishments）：自分の力でやり遂げることができたという直接の成功体験や達成感をもつこと。
②代理的体験（Vicarious Experience）：自分が実際に行動するのではなく，自分が行おうとしている行動を上手く行っている他者の行動を観察し，成功をイメージすること。
③言語的説得（Verbal Persuasion）：説明や励ましなどの，言葉による説得。
④情動的喚起（Emotional Arousal）：生理的な反応の変化を体験してみること。
31) その目標への関わりの強さを示す概念です。その目標が重要であり，達成しようとしている状態を意味します。

目標設定による動機づけでは，仮に，目標を達成できなかったとしても，努力する過程で様々な知識やスキルを習得することができます。また，努力したこと自体が自分にとっての報酬だと感じることもできるので，不満足感にはつながりません。実践的な理論だといえるでしょう。

目標設定理論を活用しよう　ワーク

(1) リーダーとして目標設定理論を活用する

目標を設定することが組織の業績向上に影響するという考え方は，現在の組織管理や人材マネジメントの基礎理論として浸透しています。

・あなたが職場のチームリーダーになったとき，チーム目標を達成するために，メンバーにはどのようなことを配慮し，働きかけをしますか？　ロックとレイサムの目標設定理論から学んだことを参考に，アイディアを記入し，話し合ってみましょう。

(2) 自分の成長に目標設定理論を活かす

レイサムの言葉をそのまま引用します（2004年米国心理学会での対談記録）。

「目標設定は人の選択に影響をあたえ，追求の方向性を与えます。さらに目標によって，人はより多く，より長く努力し，達成のために戦略をさがすことすらあります。（省略）目標は人の行動を監視，評価，調整する，調整メカニズムでもあります」「目標達成は人に達成感を与えます」

仕事場面に限らず，「目標」をもって生きるということは，あなたを成長させてくれる"自己監視装置"として機能するのではないでしょうか？　大学生活では会社のように上から目標は降りてきません。自ら目標や目的意識をもって生活する姿勢が大切です。

図は，目標・目的をもった大学生生活となりゆきにまかせた大学生生活の成長の違いをイメージで表現したものです。

　あなた自身は今，図のどのあたりに位置するでしょうか？　今後，どうなっていきたいでしょうか？

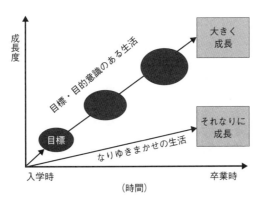

図　大学生活の成長の違い

【記入日：　　　年　　月　　日】

トピック　ワーク・モチベーションを引き下げるもの

　厚生労働省の専門家会議は 2012 年 1 月 30 日，パワーハラスメント＝パワハラについて「職場内で優位な立場にある上司や同僚が同じ職場で働く人に対し，業務の適正な範囲を超えて精神的・身体的な苦痛を与えたり，職場環境を悪化させたりする行為」とはじめて定義し，職場でパワーハラスメントに当たる具体的な行為について 6 つに分類しています。

1　暴行・傷害など身体的な攻撃
2　侮辱・暴言など精神的な攻撃
3　隔離や無視をすること
4　不可能な仕事を強制すること
5　能力や経験とかけ離れた仕事を命じることや仕事を与えないこと
6　プライベートに過度に立ち入ること

　背景には相談件数の増加があります。全国の労働基準監督署などに寄せられた職場のいじめや嫌がらせに関する相談は，統計を取り始めた 2002 年度は 6,627 件でしたが，2010 年度は 39,405 件とおよそ 6 倍に増加しています（図 2-14）。
　図 2-15 に示されているように，企業では，「パワハラ」がモチベーション低下，職場の生産性の低下などをもたらし，「パワハラ」対策は重要な課題と認識していることが報告されています[32]。

---

32) 厚生労働省は，職場のいじめや嫌がらせの実態調査を行うとともに，相談窓口を設置するなど企業に具体的な対策を求めていくことを提唱しています。

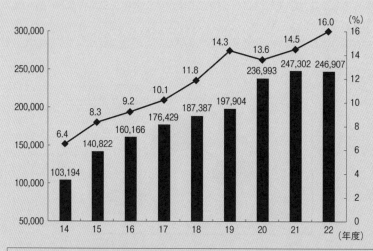

図 2-14　都道府県労働局等への相談件数の推移 (厚生労働省, 2012)

※1「平成 22 年度個別労働紛争解決制度施行状況」（厚生労働省，平成 23 年 5 月）を基に作成。
※2 平成 22 年度は，上記の相談の中で，いじめ・嫌がらせに関するものは，解雇に関するものに続き 2 番目に多い。

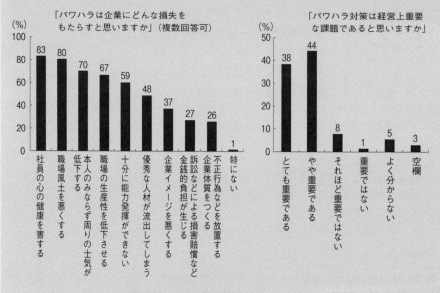

図 2-15　企業の問題意識 (厚生労働省, 2012)

※1「パワーハラスメントの実態に関する調査研究 報告書」（中央労働災害防止協会，平成 17 年 3 月）を基に作成。
本調査は，調査票を東証一部上場企業 1,000 社に送付し，209 社から回収。

　産業・組織心理学の分野においても，角山（2006）が，職場のモチベーションマネジメントを阻害する要因として，職場のいじめ行為を取り上げており，メカニズムの解明と対策の必要性を主張しています。

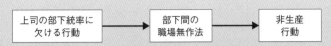

図2-16 上司の部下統率に欠ける行動が部下間の職場不作法・非生産行動に及ぼす影響
（櫻井ら，2011を基に作成）

　また，最近では，セクシュアルハラスメントやいわゆるいじめ行為のみならず，より軽度な嫌がらせの繰り返し，非礼な行為がモチベーション低下に影響を及ぼすことが明らかにされています。櫻井ら（2011）は，同僚からの職場無作法に着目しメカニズムを検討しています。職場での無作法[33]とは「加害者の攻撃意図が不明確なものの，社交的ルールに反した職場での非礼な対人行動（櫻井ら，2011）」のことです。職場の不作法は軽度なので，上司の目につきにくく，組織的問題としては取り上げられることは稀ですが，高い頻度で起こる可能性が高いことが報告されています。
　櫻井ら（2011）の研究の結果から，不作法が多い職場では，そこで働くメンバーは人間関係面からのストレスを感じやすくなり，職務に対する満足感を低下させたり，非生産的な行動を増加させることが確認されました。
　また，図2-16に示したように無作法な行動を引き起こす原因の1つとして，上司による部下統率力の弱さが指摘されています。
　職場でのいじめは世界的にも増加しており，国際機関や諸外国においても，法律や指針の中で，職場のいじめ・嫌がらせ問題に関係する定義や取り組み等をまとめています（例えば，ILO，EU，スウェーデン，フランス，ベルギー，オーストラリア各州など）。
　モチベーションマネジメントには，「やる気」を引き出すだけではなく，意欲を引き下げる要素を排除する環境づくりが求められます[34]。

トピック　一日たった5分！　仕事の意欲にプラスの効果をもたらす方法

　松井ら（2010）は，"Three Good Things"（3つの良いこと）プログラムを，生命保険会社に勤務する女性保険営業員に実施し，保険セールスという仕事への意欲と仕事への愛着の度合いへの効果を実験的に明らかにしました。
　"Three Good Things"プログラムは，セリグマン（Seligman, M. E. P.）[35]が提唱した，抑うつの改善に効果のあるプログラムです。
　就寝前に，その日にあった"良いこと"を3つ書き出す行為を1週間続けるだけの，シンプルな内容です。
　松井ら（2010）の実験は，実験参加者に，その日一日の仕事での，うれしかったこと，良い気分になれたことなど，良かったと思えることを，どんな小さなことでもよいので3

---

[33] 例えばある従業員が特定の同僚に対して，本人が嫌がるようなジョークを繰り返すことなどは職場不作法になります。

[34] 例えば，リーダーとして日頃から風通しのよい職場づくりを心がけることや，組織とそこに属するすべてのメンバーが同じ目的を共有する「仲間」であることを再認識し合うことなどの環境づくりが挙げられます。

[35] ポジティブ心理学の提唱者，元米国心理学会会長。ポジティブ心理学（positive psychology）とは人間の道徳心や倫理観に着目し，ポジティブな機能を促進していこうという立場の心理学の一領域です。「良い生き方とは？」「人が充実した活動を行うことのできる組織や社会の条件とは？」といったことに関わる研究が中心になっています。近年，心理学の新しい方向性として注目されています。

つ思いだしてもらい，あらかじめ渡しておいた用紙に簡単に書き込むことを，1週間続けるという内容でした。

その結果，49人中30人が仕事への意欲，愛着が高まり，プラスの効果があることが示されました。

この，一日たった5分程度のシンプルなプログラムが，仕事への意欲を高める効果をもつ理由として，仕事を通じた良い出来事を思い出し記録することが，仕事そのものへの考え方，捉え方にプラスの影響を及ぼし，さらにポジティブなプラスの感情を生み出すというメカニズムによると説明されています。

自分自身への実験を試みてみましょう。

①メモ用紙やモバイル端末などの手軽に記録できるツールを用意します。
②その日の"良いこと"を3つ思い出して書き込む，ということを1週間続けます。

果たして，あなたにはどのような効果，気づきが得られるでしょうか？

3 リーダーシップ

　リーダーシップとは，組織集団がその目標を達成しようとするとき，ある個人が他のメンバーの活動に影響を与えることを意味します。組織集団の誰もが，リーダーシップを取りえる存在です。集団のメンバーの中で，影響力が強く，中心的な働きをしている個人をリーダーといいます。

　私たちの日常生活でリーダーが発生する場面には，金井（2005）によると，3つのパターンが考えられます。1つは自然発生的なリーダーです。これは，友人関係などプライベートな場面などで，自然に誰かが「仕切る人」「まとめ役」になって，集団がその人を中心に動いていくような状況です。2つ目は選挙によってリーダーが選ばれるという場面です。3つ目は，組織からリーダーが任命されるという場面です。本章では職場組織で主となるリーダーシップとして，3つ目の「任命」から始まるリーダーに焦点を当てます。

　リーダーシップ研究は「組織集団の目標の達成のために有効なリーダーシップ・スタイルは何か」という問いが根底にあり，テーマの中心となっています。

　今までの研究から，リーダーシップはリーダーの"生まれつき"の資質やパーソナリティではなく，"スキル（技術）"として訓練によって，ある程度誰にでも身につけられるものであることが明らかにされてきました。

　この章では，リーダーシップの有効性や職場で求められるリーダーの役割やパワー（勢力・影響力）について学びます。

　到達目標は2つです。1つは，将来あなたが組織のリーダーを任されたとき，どのように集団組織に働きかけ，リーダーシップを発揮するのか，具体的にイメージできるようになることです。2つ目は集団を成功に導くリーダーシップを身につけるためには，どのような技術，能力開発が必要となるのかを自分なりに考えられるようになることです。

1. リーダーシップとは

(1) リーダーとリーダーシップ

　リーダーとリーダーシップは違うものです。「リーダー」は人物そのものを示す言葉です。リーダーシップとはリーダーとメンバー間にある，目に見えない影響力の流れであり，リーダーの働きかけをメンバーが受け入れ，反応するという，やりとり（対人的な相互作用）の中に生まれる現象です。ストッディル（Stogdill, 1974）は「リーダーシップとは，集団目標の達成に向けてなされる，集団の諸活動に影響を与える過程」と定義しています[1]。リーダーシップが機能するには，メンバーの受け入れが前提になります。他者に影響を与えようとする人を

図 3-1　リーダーとフォロワー

リーダーと呼び，影響を受ける側を，リーダーに対してのフォロワーと呼びます。リーダーが何らかの影響を及ぼすときの行動の様式をリーダーシップ・スタイルといいます。リーダーについていく人（フォロワー）が存在しなければ，そこにリーダーシップは生まれることはないのです。

(2) リーダーの影響力[2]の源泉

　リーダーの影響力を決定するのはフォロワーです。リーダーが影響を与えたつもりでいても，フォロワーがそれを認めていなければ，リーダーの空回りになってしまいます。リーダーに影響力をもたらすものは，いかなるものなのでしょうか。

　今までの研究から，影響力はそれを生み出す源泉となるものの違いによって大きく6つに分類されています。

　フレンチとレイヴン（French & Raven, 1959）は影響力の源泉を5つ（正当影響力，賞影響

表 3-1　影響力の源泉

影響力	影響力の源泉	拠り所
正当影響力 (legitimate power)	他者の行動に影響を及ぼすことが正当と認められている立場。権限（職務権限）。	地位
報酬（賞）影響力 (reward power)	受け手が欲しいと思う報酬をコントロールする能力（「アメとムチ」のアメにあたる。職場集団のリーダーは人事評価，査定を行う権限をもち，報酬勢力を行使できる）。	
強制（罰）影響力 (coercive power)	受け手に対応して罰をコントロールする能力（「アメとムチ」のムチにあたる）。	
情報影響力 (informational power)	説得力のある情報を提示する能力。各影響場面において，価値ある情報を提供し続けなければ影響力を発揮できない（職場集団のリーダーは一般的にはメンバーより情報量は多く質は高いとされる）。	地位 個人
準拠性影響力 (referent power)	受け手の理想像となるような存在であること（メンバーがリーダーを理想的な存在だと認識していれば，リーダーを満足させるような行動をとるようになる）。	個人
専門影響力 (expert power)	専門的な知識や技能。受け手が認める卓越した専門性が必要。権威（環境変化や技術革新にリーダーの専門性がついていけなくなると，専門影響力は消失する）。	個人

---

1) リーダーシップは，リーダーによるメンバーへの「影響力の行使」と捉えることができます。
2) 影響力を説明するものとして社会的影響力（社会的勢力, social power）という概念があります。社会的影響力とは「働きかけられた人（非影響者）の行動，態度，感情などを，働きかける人（影響者）が望むように変化させうる能力のこと」です。

力，罰影響力，専門影響力，準拠性影響力）提示しています。その後，レイヴン（Raven, 1965）は，情報影響力を付け加えて6種類としました（表3-1）³⁾。

表に示したように，これらの影響力の根拠（拠り所）は，地位に基づくものと，個人的特徴に基づくものに分けて捉えられています。

そのリーダーは"肩書き"に頼る方？ 魅力的な方？ リーダーの影響力を分析する ワーク

正当影響力，賞影響力，罰影響力は地位に基づくもので，いわゆる「肩書き」を拠り所とし，一定の職務に与えられた権限によって他者に影響を与えるものです。転勤や社内移動，転職などでポジションが変わったら失われてしまいますし，組織を離れたところでは他者に影響を与えることはできません。

他方，専門性などの個人的特性による影響力は，自分の努力や経験，人間関係の中で培ってきたものです。組織上の地位にかかわらず個人的な魅力として他者に影響を与えることができるものです。

リーダーとして大切なことは，自分の影響力の源泉を把握し（図），職場の状況に合わせて，うまく組み合わせて活用していくことと，個人的特性による影響力を高めるべく努力を続けていくことだと考えられます。

①あなたが所属する組織集団（サークル，部活，委員会，アルバイト，ボランティア活動，クラス等）のリーダー（先輩，上司など）を一人思い浮かべてください。そのリーダーは，図（マトリックス）のどのあたりに位置づけられるか分析して，図に●を書き込んでください。

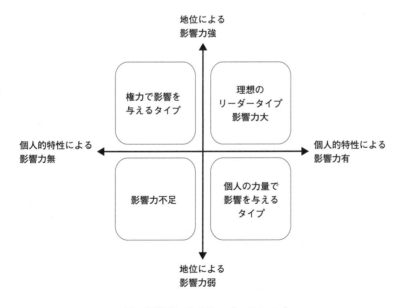

図　影響力によるリーダーのタイプ

---

3) 今井（2010）は，さらに魅力影響力，対人関係影響力，役割影響力を付け加えることを提唱しています。

②その理由を書いてください。

理由

【記入日：　　　年　　月　　日】

(3) リーダーシップの有効性を規定する3要因

　リーダーシップを発揮しようとする際，制約条件として考慮すべきことが3つあります（Stogdill, 1974；田尾，2004）。

　①**フォロワーシップ**：リーダーシップはフォロワーとの対応関係で考える必要があります。目標の達成に向けて働きかけるのがリーダーシップであるとすると，それを受け入れ，実行するのがフォロワーシップです。フォロワーの能力や資質がリーダーシップの有効性に大きく影響します。

　②**タスク（業務課題）**：組織には組織目標を達成するためのタスクが集団，個人に振り当てられています。タスクの内容，関わる人数によってリーダーシップの重要性が決まります（例えば，大人数が関わるプロジェクトでは，メンバーの意見を調整し目標に向かって一致，協力させることが必要となるので，強いリーダーシップが求められます。一方，個別の定型的な業務が行われている状況ではそれほどリーダーシップが必要とされないこともあります）。

表3-2　組織編成の基本原則（桐村，2008をもとに作成）

編成原則	内容
責任権限一致の原則	責任は常にそれに対応する権限が伴っていなければならない（権限と責任の大きさは一致させるべき）。
権限委譲の原則	行為の権限は，できるだけ行為の場に近くおかなければならない（現場の権限は現場の責任者に）。
専門化の原則	ある職位の責任はできるだけ単一の主要職能に限定されなければならない（仕事を細分化，専門化することにより，より機能的な組織となる）。
階層短縮の原則	階層の数は最小限にとどめなければならない。
管理限界の原則	一人の人が監督できる職位の数には限度がある。
命令統一の原則	各人はただ一人の上長に所属すべきである（一人の部下に直接命令できるのは直属の上司のみとする）。

③**組織集団の目に見えるきまりと見えないきまり**：企業組織には目に見える制度や役割だけではなく，目に見えない原則，習慣，決まりがあり，秩序があります。これが守られないとリーダーとメンバーの関係が混乱することになります。リーダーシップは組織にとっての判断や行動のモデルとして発揮される必要があり，それらに制約を受けることになります。例えば，一般的に，企業組織では表 3-2 のような基本的な原則が適用されています。

（4）リーダーシップの成果を表わす 2 つの軸と指標

　リーダーシップの成果とは，リーダーの働きかけによって，職場集団にどのような結果，効果がもたらされたのかということです。成果の軸は 2 つ，「目標と課題の達成度（目標やタスクがどのように達成されたか）」と「メンバーの態度や行動（メンバーがどのようになったか）」で捉えられます。

　成果を表す指標には，表 3-3 に示すように，客観的指標，主観的指標，態度指標，行動指標があります。

表 3-3　リーダーシップの成果を表わす 2 軸と指標 (古川, 2005 をもとに作成)

成果を表わす軸	指標
目標と課題の達成度	【客観的指標】利益額，利益率，売上げ目標達成率，投資還元率，生産性等 【主観的指標】上司，同僚，部下による業績評定など
メンバーの態度や行動	【態度指標】満足度，リーダーへの好意度など 【行動指標】欠勤率，転勤希望，不平不満など

リーダーの影響力を考える　ワーク

偉大なリーダーは誰？
　①世界に通用するリーダーとしてあなたは誰をイメージしますか？　人物名を一人挙げてください。
　②その人物はあなた自身や世の人々にどのような影響を与えたでしょうか？　思い浮かんだことを自由に記入してください。

①人物名

②人々に与えた影響

〜書き方の例〜
① アップル社の前 CEO スティーブ・ジョブズ氏
② ・次々に新しい，価値ある商品を生み出し，世界中の人たちの暮らしそのものを変えた。
　・2005年スタンフォード大学卒業式でのスピーチ[4]，"Stay Hungry. Stay Foolish.（ハングリーであれ，愚かであれ）"の言葉に心が動かされた。自分も目の前の課題に全力で取り組んで次のステップに挑戦しよう，と思った。

影響力の本質にせまる

次の文章は，はとバス元社長・宮端清次氏が，ソニー創業者・井深大氏が語ったリーダー論についての所感を述べたものです。リーダーの「影響力」とは何か，自分自身の考えをまとめて，□に書き込んでください。

「ソニー創業者・井深大氏が語ったリーダー論」

リーダーシップの勉強を始めようと私が思ったのは，30年以上前のことです。都庁で管理職になった頃，現役を退いたソニーの井深大さんの講演を聴きに行ったんです。

そこで井深さんは1時間ほどリーダーシップの話をされましたが，私にはよく分からなかった。すると終了後に，ある女性が手を挙げて「失礼ですが，いまのお話はよく分かりませんでした。私のような主婦にでも分かるように話をしてくれませんか」と言ったんです。司会者は大慌てでしたが，さすがは井深さんですね。ニコッと笑って，こんなお話をされました。

「ソニーの社長時代，最新鋭の設備を備えた厚木工場ができ，世界中から大勢の見学者が来られました。しかし一番の問題だったのが便所の落書きです。会社の恥だからと工場長にやめさせるよう指示を出し，工場長も徹底して通知を出した。それでも一向になくならない。そのうちに『落書きをするな』という落書きまで出て，私もしょうがないかなと諦めていた。するとしばらくして工場長から電話があり『落書きがなくなりました』と言うんです。『どうしたんだ？』と尋ねると，『実はパートで来てもらっている便所掃除のおばさんが，蒲鉾の板2，3枚に，"落書きをしないでください，ここは私の神聖な職場です"と書いて便所に張ったんです。それでピタッとなくなりました』と言いました。」

井深さんは続けて「この落書きの件について，私も工場長もリーダーシップをとれなかった。パートのおばさんに負けました。その時に，リーダーシップとは上から下への指導力，統率力だと考えていましたが，誤りだと分かったんです。以来私はリーダーシップを"影響力"と言うようにしました」と言われたんです。

リーダーシップとは上から下への指導力，統率力が基本にある，それは否定しません。けれども自分を中心として，上司，部下，同僚，関係団体……その矢印の向きは常に上下左右なんです。だから上司を動かせない人に部下を動かすことはできません。上司を動かせる人であって，初めて部下を動かすことができ，同僚や関係団体を動かせる人であって，初めて物事を動かすことができるんです。よきリーダーとはよきコミュニケーターであり，人を動かす影響力を持った人を言うのではないでしょうか。リーダーシップとは時と場合によって様々に変化していく。固定的なものではありません。戦場においては時に中隊長よりも，下士官のほうが力を持つことがある。ヘッドシップとリーダーシップは別ものです。あの便所においてはパートのおばさんこそがリーダーだった。そうやって自分が望む方向へ，相手の態度なり行動なりが変容することによって初めてリーダーシップが成り立つのです。

（月刊誌『致知』2008年2月号特集　将の条件：リーダーはろうそくになれ　p.48）

---

[4] 参照：Stanford University HP
http://news.stanford.edu/news/2005/june15/jobs-061505.html

> 私が考えるリーダーの影響力とは，
>
>
>
> 【記入日：　　　年　　月　　日】

2. 企業組織におけるリーダーシップ

(1) 企業組織が成立する条件と管理職[5]

　バーナード（Barnard, 1938）[6] は「組織とは二人以上の人間が意識的に集まり，共通の目標を達成しようとして協力関係にあるもの」とし，組織が成立するための3つの条件として，「貢献意欲」「共通目的」「コミュニケーション」を提示しています。これらの条件のうち1つでも欠けると組織は消滅することになると説明しています（表3-4）。

　企業組織では，共通目的を効率よく達成するために「分業」が取り入れられています。分業とは，1つの仕事を細分化することで，2つの基本パターンで行われます。水平的分業（目標達成に必要な仕事の分類による分担）と垂直的分業（組織全体の階層による分担）です。

　この分業の結果，企業組織にはいくつもの部署が形成されることになります。組織全体がバ

表3-4　組織が成立する3条件

条　件	内　容
共通目的（をもっている）	組織ではメンバーが共通のゴールを目指していることが前提となります。企業組織全体の共通目的は「企業理念」「経営理念」「社是」にあたります。
貢献意欲（がある）	共通のゴールに向かって，メンバーが組織の活動に参加する意思と「貢献しよう」という意識をもち行動することが必要です。
コミュニケーション（が構築されている）	共通目的，貢献意欲があっても，構成メンバー間の意思伝達，疎通ができていないと，目標を達成することはできません。組織全体で円滑なコミュニケーションが行われることは必要不可欠です。

---

5) ここでは，企業組織のリーダーシップについて考える前にまず，組織とは，管理職とは何かを整理します。
6) バーナードは，公式組織を「意識的で，計画的で，目的をもつような人びと相互間の協働である」と定義しました。

ラバラになると目標達成ができなくなりますので，まとまりのある活動へと導く「統合」が必要になります。統合を担うのは「管理職」[7]です。管理職は「統合」の機能を果たす立場であるために，リーダーシップを発揮することが求められます。

(2) 職場を構成する3つの要素と取り巻く環境

企業組織でリーダーシップが発揮される「場」は主として「職場」です[8]。職場は図3-2に示すようにリーダー・メンバー・目標やタスク（仕事）の3つの要素から構成されています。

職場を取り巻く環境には企業組織内部の環境と外部環境があります。外部環境は直接的に仕事に関わってくるものと，間接的に関わるものとがあります。リーダーは職場や組織内だけではなく，常に外部環境に関心をもち，変化を予測し組織，職場を適応させることが求められています。

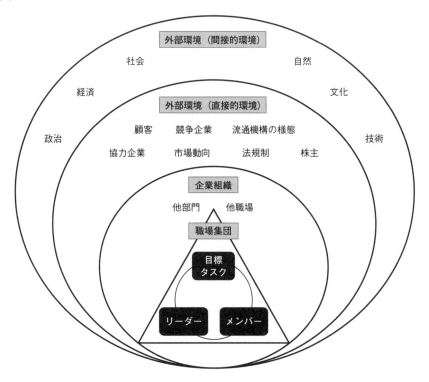

図3-2 職場を構成する3つの要素と取りまく環境

(3) 管理職の役割とリーダーシップ

企業組織は図3-3に示したように，大別すると上から順に4つの階層から構成されています。管理者層は，経営者層と監督者層との中間に位置し，上の層[9]の経営者が決定した全社的

---

7) 管理職という言葉の意味は文脈によって様々な意味をもちますが，本章では「企業において，一定の権限とともに，職場集団を預かることを公式に任命された管理者としての地位にある人」とします。
8) 近年では解散することを前提としたプロジェクトチームでの仕事も増えています。
9) 一般的な役職名では部長職や課長職に該当します。

な方針に基づいて，下の層の監督者層を指導し，部門の業務を執行する立場です。

管理職が組織から期待されているリーダーシップを発揮するためには，果たすべき役割を理解し，確実に実行することが必要となります。古川（1998）は，管理者に求められる役割行動を次のように提示しています（表3-5）。

図3-3　企業組織の階層構造

表3-5　管理者に求められる4つの役割行動（古川，1998をもとに作成）

①経営意思の正確な把握と伝達：
　組織全体の目標，経営者の考えを正確に把握し，自部署のメンバーに伝達し理解させ，浸透させる。

②自部署の目標設定と実行：
　担当部署の課題を明確化し，目標を設定し，メンバーに伝達し，目標達成に向けて働きかける。

③活動についての振り返り・総括・報告：
　自部署の目標達成への活動の進捗状況を把握し，総括して報告したり，部下にフィードバックする。この行動により1つの課題遂行過程での反省，学習が可能になるので，組織の発展に不可欠。

④組織変革の創出と実践：
　自部署のメンバーの意識を「新たな発想」と「創造」へ向かわせ，部署の中に「革新」をつくりだし「変革」を実践する。経営環境が激しく変化する時代には組織に積極的に変革をつくりだす管理職の創造的で革新的なリーダーシップが重要となる。

トピック　管理職に求められる能力

社団法人日本経済団体連合会（2006）は，管理職に求められる「能力」を3つの分野からまとめています（表3-6）。

専門的知識としては経営戦略に関する知識が必要となります。対人関係能力では，社内でのコミュニケーションだけではなく，他部門や社外との調整力，交渉力が必要となります。また，部下を育成，指導する力も必要となります。

管理職に最も求められているのが問題解決能力です。職場組織では十分な専門性，対人関係能力をもって職務を遂行しても，予期せぬことや，従来のやり方では対応できない様々な問題が生じます。新しい視点や創造的な解決方法を考え，ビジョン，戦略を示し現状を打破していくのが問題解決力です。

表3-6　管理職に求められる能力

能力分野	専門知識	対人関係能力	問題解決力
内容	経営戦略 ・リーダーシップ ・マーケティング ・アカウンティング（会計）	・人的調整力（他部門，社外） ・部下育成力	・ビジョン ・戦略構築力（先見性）

(4) 時代の変化と新たな管理職の役割：
今，求められる変革型リーダーシップ[10]とリーダー人材の育成

グローバル化の流れの中で，日本企業を取り巻く環境は激変の時代を迎えています。政治，経済，社会，技術，様々な非連続な変化が高速で起きており，企業組織はそれらに柔軟に適応していかなければなりません。そのため管理職には，今まで以上に[11]環境変化をいち早く捉え，組織を変革していく役割が求められるようになっています。

表3-7は時代の変化と管理職の業務課題の変化をまとめたものです。かつてのように組織のトップがより多くの情報をもち，より適切な意思決定ができるという前提は通用しなくなりました。現在，管理職に求められていることは，トップからの判断を受け身で待つのではなく，各々がおかれた状況の中で主体的に考え判断し，新たな方向性をメンバーに示していくことだとされています。

古川（1998）は，組織管理者が，創造的で革新的なリーダーシップを発揮する「変革型リーダー」になるための要点を，次のようにまとめています。

①組織を「上から」「全体として」「外と関連づけながら」「未来を意識しながら」捉える視点をもつこと（自分に任された役割を客観的に把握することにつながり，それが変革型リーダーシップの基盤となる）。

②管理者として自分に求められている役割を正確に把握すること。

表3-7　時代の変化と管理職の業務の前提の変化（大島，2010を基に作成）

変化	過去（高度成長期・安定成長期）	現在（1990年以降）
企業を取りまく環境	安定・過去の延長線上で未来の予測が可能。やるべきことが明確で変わらない。	将来を見通すことが困難。やるべきことが不透明で変化する。
取り組むべき課題	・設定される課題が正しい。 ・課題は途中で変更されない。	・設定することが難しい。 ・短期的に変化。
課題遂行の手段	・標準化されたルールが存在 ・過去の経験やノウハウが有効	・標準化されたルールは非効率 ・過去の経験やノウハウは無効
業務遂行のポイント	「ものごとを正しくやる」ことが重要。Do things right!	「正しいことをやる」ことが重要。Do the right things!
決定の方法	組織の上位者ほどより多くを知り正しい決定，指示ができる。	現場に近いほどより多くを知り正しい決定，指示ができる。
方向性の提示，決定方法	トップが方向性を示しメンバーを導くのが効果的。	現場レベルで方向性を定め自律的に動くのが効果的。
メンバーとの関係・活動	・組織の構造に基づく仕事上の関係。 ・組織上のルールに規定された活動。	・個人の働きかけに基づく仕事上の関係。 ・個人の力量による活動

---

10) 社団法人日本経済団体連合会（2006）は変革型リーダーの要件として次の3つを挙げています。①明確なビジョンをもち，その実現に向けて自ら困難な課題に挑戦意欲をもち，あわせて価値の創造ができる。②相手の立場や考え方を尊重しつつ，課題の実現に向けて人を巻き込んでいく力，やりぬく力。③仕事を進めるうえでの情報収集力や創意工夫，自己革新，自ら率先して仕事に取り組む姿勢と，問題・課題に挑戦して解決する勇気と行動力。

11) 大島（2010）はバブル経済崩壊の1990年以降，伝統的な管理職像が崩壊したことを指摘しています。

③自部署の業務特性と組織編成の原理特性を的確に理解すること（職場集団は会議の開き方，話し合いや意思決定の仕方，集団が形成されてからの年月を表す「集団年齢」など，様々な側面で異なる特性をもっている。「業務特性の次元と『組織編成原理の特性』の二次元の組み合わせで自部署の集団特性を把握することで，それに応じた変革の働きかけを工夫することが可能になる」）

　④環境変化の的確な把握（将来を見据えた変革導入するためにも，正確なリスク査定に基づいたリスク・テイキングを行うためにも不可欠である）

　これらの内容は，リーダーとしての行動や心構えを具体的に考えるうえで，参考になります。

3. リーダーシップ研究の歴史的変遷：
1960年代までの研究の流れ

(1) リーダーシップ研究の流れ

　リーダーシップ研究は大別すると次の4つの流れに分けて考えることができます。特性アプローチ（1900-1940年代）→行動アプローチ（1940-1960年代後半）→状況適応アプローチ（1960年代後半-）→変革型リーダーシップ研究（1980年前後-）です。

　ここでは現在のリーダーシップ研究の基礎になっている，1960年代ごろまでの主要な研究や理論をたどり，リーダーの行動やリーダーシップがどのような流れで検討され，何が明らかにされてきたのかを，順に解説していきます。

(2) リーダーシップは"生まれつき"の特別な能力なのか？：
特性アプローチ

　リーダーシップ研究の最初のアプローチは特性アプローチと呼ばれるものです。優れたリーダーに共通する特性（知能やパーソナリティ）を解明することによって，リーダーを選考するプロセスを容易にしようとする試みがなされました。これらの研究の根底には，リーダーシップを発揮できる人には，特別な才能や資質が生まれつき備わっている，という考えがありました。

　ストッディル（Stogdill, 1948）は，優れたリーダーの特性を次のように捉えました（表3-8）。

　しかし，その後の研究結果では，このような特性とリーダーシップとの関係性は一貫せず，リーダーの個人特性だけではリーダーシップの現象は説明できないことが明らかになりました。

表3-8　優れたリーダーの特性 (Stogdill, 1948)

①知　能	判断力，創造性
②素　養	学識，経験，体力
③責任感	信頼性，自信
④参加性	活動性，社交性，協調性，ユーモア
⑤地　位	社会経済的地位や人気

(3) リーダーシップはどんなときもリーダーらしく"振る舞えること"？！：行動アプローチ

　行動アプローチは、優れたリーダーは、どのような行動をしているのかを明らかにし、最も効果的なリーダーの行動スタイルを解明しようとした研究です。リーダーシップは、生まれつきのものではなく、学習によって身につけることができる行動スタイル（リーダーとしての振る舞い）だとする考え方に基づくものです。どのような特性の人であっても、訓練をすることによって有効な行動スタイルを身につければ、リーダーシップを発揮できるようになると考えられました[12]。

◉ **初期の研究**

　特性アプローチから、行動アプローチへと研究の流れを変えるきっかけとなった初期の研究は、ホワイトとリピット（White & Lippitt, 1960）の社会的風土に関する実験です。

【実験の概要】

　放課後のレクリエーションクラブに通う10歳の少年15名が3つのグループに分けられ、大学生のリーダーのもとでお面（マスク）がつくられました。3つのグループに対するリーダーシップ・スタイルとして「専制型」「民主型」「放任型」が設定されました。4人の大学生リーダーは事前に設定されたリーダーシップ・スタイルに熟達するよう訓練を受けていました。

・専制型：ぶちこわし的要求をしたり、集団行動のすべてをリーダーが決定する。
・民主型：知識や助言を与えるが、集団の方針は子どもたちの討議に任せる。
・放任型：子どもたち任せで、関与しない。

　その結果、作業の質は民主型リーダーのもとで最も優れ、量は専制型、民主型が多く、動機づけに関しては、民主型リーダーのもとで高く創造性があり、雰囲気も友好的でした。専制型リーダーのもとでは、攻撃的な雰囲気でリーダーがいるときだけ真面目に取り組み、不在のときは作業を怠けることが確認されました。放任型リーダーのもとでは、緊張感に欠け仕事の量や質が最も低く、作業をせずに遊ぶ子どももいました（表3-9）。

表3-9　専制型リーダー・民主型リーダー・放任型リーダーのもとでの作業の成果

	専制型	民主型	放任型
作業の質	△	◎	×
作業の量	◎	◎	×
動機づけ	リーダーがいる時だけ作業する	◎	作業をせず、遊ぶ子多し
創造性	△	◎	×
雰囲気	攻撃的	友好的	緊張感に欠ける

---

12) 行動アプローチによる研究成果として様々なリーダー教育、訓練の方法が生み出されました。

この研究はリーダーシップ研究に大きな影響を与えました。しかし，その後の研究で一貫した結果が得られなかったために，研究の流れは，リーダーの行動スタイルそのものから，リーダーのそのような行動スタイルがどのようなリーダーシップ機能を果たしているのかを解明するという方向へと進展しました。

● リーダー行動の2次元論：不動の2軸の発見

リーダーの行動スタイルの違いが集団の成果に影響を及ぼすという知見から，リーダーの実際の行動を明らかにする研究が数多くなされ，その成果として，リーダー行動の不動の2つの次元が浮かび上がってきました（表3-10）。

これまで調査の行われた国，調査対象のタイプの違いにかかわらず，多様なリーダー行動は，最終的には「課題志向的行動」と「人間関係志向的行動」の2次元に集約して捉えることができるというのが共通の認識となっています。

例えば，オハイオ州立大学での研究では職場のリーダー（管理職）の行動を分析し，部下の職務活動の明確化や役割定義に関わる「構造づくり」と，信頼関係をつくることなどに関わる「配慮」の2次元が見出されています。ミシガン大学での研究でも，高業績集団と低業績集団のリーダー行動の比較から，仕事の細かな指示命令を重視する「生産性志向」と，全般的で大まかな管理で部下と行動をともにする「従業員志向」の2次元が見出されています（表3-10）。

表3-10　リーダー行動の2次元論

研究グループ	課題志向的行動	人間関係志向的行動
オハイオ州立大学	構造づくり	配慮
ミシガン大学	生産性志向	従業員志向
ブレークとムートン	業績に対する関心	人間に関する関心
三隅二不二	P機能	M機能

● 2次元の行動スタイルの有効性

リーダーの行動は「課題志向的行動」と「人間関係志向的行動」の2次元で捉えられることが明らかになり，続いて研究の流れとして，どちらの行動スタイルが有効なのかということに関心が移りました。ストッディル（Stogdill, 1974）は複数の研究結果を検証し，2次元の行動スタイルと業績との間には明確な関係性がないことを明らかにし，リーダー行動のどちらか一方が有効なのではなく，両方の行動を発揮することが重要であることを指摘しました。

ここでは，行動アプローチの代表的な理論として，マネジリアル・グリッド理論（Blake & Mouton, 1964）とPM理論（三隅，1984）を取り上げます（図3-4）。

マネジリアル・グリッド理論

マネジリアル・グリッド理論では，リーダーの行動を「人間に対する関心」「業績に対する関心」という2次元で捉えリーダーを類型化して捉えます。図3-4に示したように，人間と業績について，それぞれへの関心の程度を1から9段階で評点をつけます。それを基にリーダーのタイプを分類すると，典型的な5つのタイプ（1・1型，1・9型，9・1型，9・9型，5・5型）が見出されます。

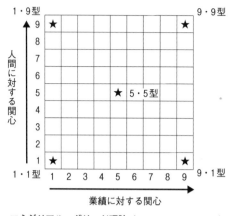
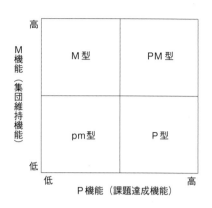

マネジリアル・グリッド理論（Blake & Mouton, 1964）　　PM理論（三隅, 1984）

図3-4　リーダー行動の2次元論における代表的な理論

　この類型の中では人間と業績との両方に対する高い関心をもつ9・9型のリーダーのタイプが最も理想的なリーダー類型であるとされます。ここにできる計81の格子（グリッド）をマネジメント・グリッドと呼ぶことから，理論名がついています。

PM理論

　PM理論は，リーダーの行動パターンをP（Performance）機能：課題達成機能とM（Maintenance）機能：集団維持機能の2次元で捉えます。P機能は目標設定や計画立案，メンバーへの指示などの課題志向的な行動です。M機能はメンバーの立場を理解したり，公平に扱うなど，集団のまとまりを維持する人間関係志向的な行動です。2つの機能の高低の組み合わせによって，リーダーの行動スタイルを4つ，PM型，P型，M型，pm型に類型化します。

　三隅は管理者が4つの類型のどれに当てはまるかを測定する尺度を開発し，4つのリーダー行動スタイルが，組織集団の生産性やメンバーの貢献意欲にどのように影響するのかを，実証的に明らかにしていきました。表3-11は，リーダー行動のスタイルと，その効果性についての結果を要約したものです。PM型は最も優れたリーダーシップを発揮することが示されています[13]。

表3-11　リーダーの行動スタイルと効果性

結　果	リーダー行動スタイルの効果性
生産性の高さ，事故の少なさ（長期）	PM型＞M型＞P型＞pm型
生産性の高さ，事故の少なさ（短期）	PM型＞P型＞M型＞pm型
仕事に対する意欲や満足度	PM型＞M型＞P型＞pm型

2つの理論の共通点と相違点

　マネジリアル・グリッド理論（Blake & Mouton, 1964）とPM理論（三隅, 1984）の共通点は，ともに「課題志向的行動」と「人間関係志向的行動」の両方が高いほど業績やメンバーのモチベーションに効果的だという点です。

---

[13] 三隅はこれらの研究の成果を基に，管理者がPM型のリーダー行動をとるための訓練プログラムの開発を行い，実践場面でもリーダーの育成に貢献しました。

その理由として，三隅は，2つの行動が補完関係にあり，強化し合い，相乗効果を生み出すものであるからだと解釈しています。

相違点は表3-12にまとめたように，行動の評価者と類型に違いがあります。

表3-12 マネジリアル・グリッド理論とPM理論の相違点

相違点	マネジリアル・グリッド理論	PM理論
①行動の評価者	リーダー本人による自己評定	メンバーがリーダーを評定
②類型	4つの類型と中間型（5・5型）	4つの類型

リーダーは何型か？ PM指導行動測定尺度（三隅,1984） 〈ワーク〉

①あなたが所属する組織集団（サークル，部活，委員会，アルバイト，ボランティア活動，クラス等）のリーダー（先輩，上司など）を一人思い浮かべ，P行動・M行動をチェックし，PM型・P型・M型・pm型のどのタイプにあてはまるかを考えてみましょう（自分自身がリーダーである場合は，自己チェックしてください）。

P行動測定項目	M行動測定項目
□ 規則をやかましくいう	□ 仕事のことで上役と気軽に話せる
□ 指示命令を与える	□ 部下を支持してくれる
□ 仕事量をやかましくいう	□ 個人的な問題に気を配る
□ 所定の時間までに完了するように要求する	□ 部下を信頼している
□ 最大限に働かせる	□ すぐれた仕事をしたとき認めてくれる
□ 仕事ぶりのまずさを責める	□ 職場の問題で部下の意見を求める
□ 仕事の進み具合についての報告を求める	□ 昇進，昇給など将来に気を配る
□ 目標達成の計画を綿密に立てている	□ 部下を公平にとり扱ってくれる

②その集団全体の状況（メンバーのモチベーション，チームワーク，業績等）について記入してください。

③さらによい組織集団にするためには，どのような働きかけが有効だと思いますか。リーダー，メンバーそれぞれの立場から考えて書き込んでください。

[リーダーとしての働きかけ]

[メンバーとしての働きかけ]

【記入日：　　　年　　月　　日】

4. 状況適合アプローチ（1960年代後半 -）

(1) 行動アプローチから状況適合アプローチへ：
唯一最善の普遍的なリーダーシップ・スタイルは存在しない！

　行動アプローチによる研究は，効果的なリーダーの行動スタイルを解明しようとしたものであり，リーダーが実際にどのような役割を果たすべきなのかを明らかにしてきました。しかしながら，リーダーがおかれている状況やフォロワーの側からのリーダーへの影響については，ほとんど検討されていませんでした。

　次に台頭してきたのは，どのようなリーダーシップ・スタイルが有効かは，リーダーのおかれた状況や集団の特性によって異なるという，状況適合アプローチです。研究の流れは，すべての状況に適応されうる唯一最善の普遍的なリーダーシップ・スタイルは存在しない，という考え方へと変わっていったのです。

(2) 条件即応モデル

　状況適合アプローチの先駆けになったのはフィードラー（Fiedler, F. E.）による条件即応モデル（Fiedler, 1967）[14]です。フィードラーは，集団の業績は「リーダーのパーソナリティ」と「リーダーがおかれた状況の有利さ」とのバランスにかかっていると考えました。

　図3-5に示したように，このモデルでは，まずリーダーのパーソナリティをLPC（Least Preferred Co-worker）得点によって，課題達成志向型と関係志向型に分類します。次にリーダーがおかれている集団の状況を検討します。このモデルでは，リーダーシップに影響を及ぼす集団の状況を，「リーダーとメンバーの人間関係」「仕事の構造化の程度（仕事の目標，手続

---

[14] モデルによって，リーダー行動スタイルの有効性はその状況に応じて異なることが示されました。条件即応モデルはその後の状況適合アプローチの研究の発展に影響を与えました。

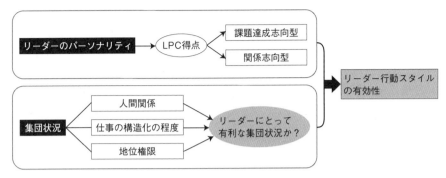

図 3-5　条件即応モデルの概略図

きがどの程度明確に規定されているか）」「地位権限」の 3 つの要素で捉えます。次いで，リーダーのパーソナリティと集団の状況との組み合わせによってリーダーシップの有効性を検討します。

LPC 得点は Least Preferred Co-worker（一緒に仕事をするうえで最も苦手な仕事仲間）の頭文字です。今までの体験から LPC に当てはまる人を一人だけ思い出させ，肯定的に捉えている度合いを評定し LPC 得点を得ます。

LPC 得点の低いリーダーは，仕事には感情をもち込まず，仕事の達成に関心が強い傾向にあり「課題達成志向型」，得点が高いリーダーは，メンバーとの人間関係を確立し，維持することに関心が強い傾向にあり「関係志向型」とされます（ワーク参照）。

フィードラーは 200 以上の異なるグループに対して調査を行い，異なる集団状況下での集団業績と，LPC 得点の関係を分析して次のように結論づけました。

①課題達成志向型（低 LPC）のリーダーが有効な集団状況
　・集団状況がリーダーに非常に有利な場合（「人間関係」が良好で，「仕事が構造化されている程度」が高く，「地位権限」は最も強い集団状況）
　・集団状況がリーダーに非常に不利な場合（「人間関係」が悪く，「仕事が構造化されている程度」が低く，「地位権限」は弱い集団状況）
②関係志向型（高 LPC）のリーダーが有効な集団状況
　・集団状況がリーダーにとって中程度に有利な場合のみ（3 つの要素の程度が混在しているとき）

自分らしさを活かしたリーダーシップ・スタイルを考える　**ワーク**

① LPC 得点[15] を測定します。
　あなたはこれまでに，クラブ，サークル，委員会，ボランティア，クラス，アルバイト，その他様々な場面で，多くの人と活動してきたことでしょう。その中には，一緒にやっていくことが

---

15) 白樫（1991）および，フィードラー（Fiedler et al., 1976）をもとに作成。

容易な相手もいたでしょう。その反対に一緒にやっていくことが極めて難しいと思う相手もいたでしょう。その中から一緒に仕事をしていくことが難しいと思う相手を一人思い浮かべてください。必ずしも今も同じ集団、組織にいる人に限りません。あなたが最も嫌いな人かもしれませんし、そうではないかもしれません。一緒に仕事をすることが最も難しいと思う相手でなければなりません。その人物を念頭に評定をしてください。各項目の正反対の形容詞を両極に8点からなるスケールがありますので、適当と思われるところに○印を記入してください。

1	楽しい	8	7	6	5	4	3	2	1	楽しくない
2	友好的である	8	7	6	5	4	3	2	1	友好的でない
3	拒絶的である	1	2	3	4	5	6	7	8	受容的である
4	緊張度が高い	1	2	3	4	5	6	7	8	ゆとりがある
5	遠い（疎遠）	1	2	3	4	5	6	7	8	近い（親近）
6	冷たい	1	2	3	4	5	6	7	8	暖かい
7	支持的である	8	7	6	5	4	3	2	1	敵対的である
8	退屈である	1	2	3	4	5	6	7	8	興味深い
9	口論好きである	1	2	3	4	5	6	7	8	協調的である
10	陰気である	1	2	3	4	5	6	7	8	朗らかである
11	開放的である	8	7	6	5	4	3	2	1	警戒的である
12	陰口をきく	1	2	3	4	5	6	7	8	忠実である
13	信頼できない	1	2	3	4	5	6	7	8	信頼できる
14	思いやりがある	8	7	6	5	4	3	2	1	思いやりがない
15	卑劣である	1	2	3	4	5	6	7	8	立派である
16	愛想が良い	8	7	6	5	4	3	2	1	気むずかしい
17	不確実である	1	2	3	4	5	6	7	8	誠実である
18	親切である	8	7	6	5	4	3	2	1	不親切である

合計（　　）点
☐ 64点以上
☐ 57点以下

・合計得点はいくつになりましたか
57点以下⇒低LPC得点【課題達成志向型】
64点以上⇒高LPC得点【関係志向型】

②次のABCの状況であなたがリーダーだとしたら、集団としてよりよい成果を出すために、どのようなことを心がけて活動しますか。自分自身の考えを記入してください。

	集団状況	リーダーとしてあなた自身が心がけること
A	集団の人間関係が最悪，課題はあいまい，リーダーに権限がない集団	
B	リーダーの権限や影響力が大きくも小さくもない集団	
C	人間関係が非常によく，課題はマニュアル化され，リーダーの権限が確立している集団	

【記入日　　年　月　日】

(3) ライフサイクル理論

　ハーシーとブランチャード（Hersey & Blanchard, 1977）はメンバーの仕事に対する「成熟度（発達レベル）」によって，効果的なリーダー行動は異なることを提唱しています。この理論ではリーダー行動を「指示的行動（課題達成志向に対応）」と「支援的行動（関係志向に対応）」の2次元で捉え，集団の状況を「メンバーの成熟度」から捉えます。

　成熟度はフォロワーの課題に対する能力と意欲を示します。以下の4段階が想定されます。

①成熟度1：熱心な初級者──低い職務能力・高い意欲
②成熟度2：迷える中級者──ある程度の能力・低い意欲
③成熟度3：波のある上級者──高い能力・不安定な意欲と自信
④成熟度4：安定したベテラン──高い能力・高い意欲

　フォロワーが経験を積むに従って成熟度1から4に成長していくと仮定されています。
　表3-13に示すように，リーダー行動は指示的行動と支援的行動の組み合わせから，「指示型」「コーチ型」「支援型」「委任型」の4つの行動スタイルで構成されます。リーダーは「メンバー

表3-13 フォロワーの成熟度と効果的なリーダー行動スタイル

成熟度		効果的なリーダー行動スタイル
成熟度1 熱心な初級者	指示型	指示多く，支援的行動は少ない。フォロワーの役割遂行の手順・意思決定はリーダーが行う。
成熟度2 迷える中級者	コーチ型	指示的，支援的行動ともに多い。リーダーは指示と同時にフォロワーの意見や精神状態を尋ねる。
成熟度3 波のある上級者	支援型	指示的行動は少なく，支援的行動は多い。リーダーはフォロワーを認めて，意見を積極的に聴き，フォロワーが適切な問題解決や意思決定ができるようとりはからう。
成熟度4 安定したベテラン	委任型	指示的行動，支援的行動ともに少ない。リーダーはフォロワーと話し合い，合意のうえで目標や課題を決め，後はフォロワーに任せて成果の報告を求める。

の成熟度」に応じて，異なる行動スタイルを柔軟に使い分ける必要があるとされます。

実際に，リーダー（上司）として，ライフサイクル理論の考え方を職場集団で取り入れる場合には，まず，フォロワー（部下）の仕事に対する能力と意欲を見極めることが必要です。そのうえで成熟度に応じたリーダーとしての行動スタイルを決めていきます。その後も，フォロワーの成長，発達に合わせて，リーダーの行動そのものを変化させていくことになります。長期的な関係においてリーダーシップを発揮していくには，「育成」の志をもつことが必要だと考えられます[16]。

(4) リーダーシップ代替論

カーとジェルミエ（Kerr & Jermier, 1978）は，組織の制度や構造，メンバーの特性などの状況要因がリーダーシップの代わりをしたり，リーダーシップの効果を妨害し，無効にする働きをもつことを指摘しました。それらを要約したものが表3-14です。

これらは，リーダー自身が状況を判断したうえで，影響力を行使しなければならないことを示しています。また，一定の条件が整った状況では，管理者のリーダーシップの発揮が不要[17]になることを示唆しています。

表3-14 リーダーシップに影響を及ぼす状況要因

リーダーシップの 代替となる要因	・メンバーの能力向上，経験の豊かさ，専門志向性の高さ ・構造化（マニュアル化）された課題，内発的に満足な（やりがいをもたらす）課題 ・集団のまとまりのよさ
リーダーシップの 妨害となる要因	・メンバーの組織からの報酬に対する無関心 ・リーダーの地位，権限の低下 ・組織の硬直化

---

16) この理論モデルは様々な場面で応用が可能だといわれています。例えば，親子関係（養育者と子ども）を分析する際にも適応できます。子どもの成長段階に合わせて，親はどう子どもに接するとよいのかを考えるフレームになるでしょう。

17) 例えば，能力と意欲が高く，組織の目標達成に向かって主体的に仕事に取り組んでいる部下に対しては，リーダーシップを発揮する必要性が極めて低くなるでしょう。余分な指示命令や個人的配慮をすることによって，かえってメンバーの足を引っ張ってしまう可能性もあるということです。

5. 変革型リーダーシップ研究（1980年前後 -）

(1) 交流型リーダーシップと変革型リーダーシップ

　変革型リーダーシップは，経営環境の激変の時代に対応するために，企業における組織変革の重要性が高まるにつれて，発展してきました。「変革型リーダーシップとはメンバーに外部環境への注意を促し，思考の新しい視点を与え，変化の必要性を実感させ，明確な将来の目標とビジョンを提示し，みずから進んでリスク・テイクし，変革行動を実践するリーダーシップである」（山口，1994）と定義されます。

　変革型リーダーシップに対して，1970年代頃までの，組織集団内のリーダーとメンバーとの相互交流を通じたリーダーシップは，交流型リーダーシップ[18]と呼ばれることがあります。組織が環境に適応して，存続，発展していくためには，交流型リーダーシップと変革型リーダーシップの両方が必要だと考えられています。

(2) 変革型リーダーシップの構成要素

　バス（Bass, 1998）は変革型リーダーシップの構成要素として次の4つを挙げています。

①理想的影響・カリスマ性（Individualized influence）：「リーダーを見習おう」という気にさせる。
②モチベーションの鼓舞（Inspirational motivation）：仕事の意味を理解させ，やる気にさせる。
③知的刺激（Intellectual stimulation）：視野を広げたり考えを転換させる刺激を与える。
④個別的配慮（Individual consideration）：メンバーへの適切なサポート，配慮。

(3) 組織変革のためのリーダーのビジョン提示行動

　組織変革を進めるためにリーダーがどのような働きかけをすればよいのか，実際の行動や役割に焦点を当てた研究が数多くなされた結果，それらに共通して，ビジョン[19]提示行動が重要だということが明らかにされてきました。

　金井（1989）は，変革型リーダーシップの特徴を5つ挙げています。

①変革をひきおこすためのビジョン形成
②ビジョンをうまく練り上げる環境調査や環境変化に対する意味づけ
③ビジョンを実現するための「実験」ないし革新的試行行動
④変革をやり通す持続性や執拗さ
⑤変革を成し遂げるネットワークの形成

---

[18] バス（Bass, 1998）は従来の研究の対象は「交流型リーダーシップ」であると指摘し，「変革型リーダーシップ」と分けて捉えました。古川（2003）によると，交流型リーダーは「現在抱えている仕事を，部下やメンバー，同僚，そして上司も含めた周りの人との交流やかかわりの中で，きちっとやりとげる管理者」であり，交流型リーダーシップの内容として①経営意志の正確な把握と伝達，②自部署の目標設定と実行，③活動についての振り返り，総括，報告，の3つを挙げています。

[19] ビジョンは目的，目標，未来の理想的な姿などを意味します。

また，コッター（Kotter, 1996）は「ビジョン」そのものが果たす機能として，①変革の方向性を示す指針となり意思決定を容易にする，②人々が正しい方向を目指して行動することを促進する，③迅速かつ効果的に人々を整列させる，の3つの役割を提示しています。

これらの研究にはリーダーが変革のビジョンをもち，メンバーに方向性を示していくことの有効性が明示されています。

しかしながら，組織変革期に，実際の現場でビジョンをどのように構築すればよいのかは，いまだに明確になっていないことが指摘されています。また，変革期におけるリーダーの役割を過度に期待しすぎている傾向があることなどがこれらの研究の問題点として，挙げられています（東，2005）。

トピック　組織変革のターゲットとプロセス

現実に企業変革を成功させることは簡単ではありません。何を目指して変革していくのか，変革の方向性を決定したら，組織の何を変革するのか，ターゲットを明確化し，成功へのプロセスを確実に踏んで，組織メンバーを巻き込んでいく必要があります。

変革のターゲット

古川（2003）は組織構造を単純化して「ハード構造」「セミハード構造」「ソフト構造」の3つの構造として捉え（図3-6），変革のターゲットとして各構造について見直し，必要に応じて積極的に変革をしていくことを提唱しています。

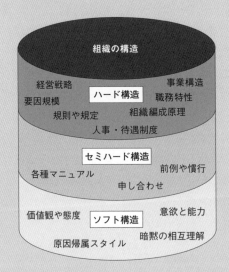

図3-6　組織の構造（古川，2003を参考に作成）

注）原因帰属スタイル：リーダーやメンバーが成功や失敗などの組織や自分に関わる出来事を何のせいにするかということ。

> **変革のプロセス**
>
> レヴィン (Lewin, 1951) は，組織変革のプロセスを以下のような3段階で捉えています。
>
> ①解凍 (defreeze)
> 　メンバーに変革の必要性を認識させ心理的抵抗を小さくする
> 　　　　⇩
> ②変革 (change)
> 　解凍によって動機づけられた方向に向けて実際に変革を実行する
> 　　　　⇩
> ③再凍結 (refreeze)
> 　新しい状態を定着させる
>
> コッター (Kotter, 1996) は変革に成功した企業組織で，実際に活用された方法を検討した結果から，企業変革のプロセスとして以下の8段階を提示し，これらの8つのプロセスを段階的に（省略せず順番どおりに）実行していくことを強調しています。
>
> 【大規模な変革を推進するための8段階のプロセス】
> ①危機意識を高める
> ②変革推進のための連携チームを築く
> ③ビジョンと戦略を生み出す
> ④変革のためのビジョンを周知徹底する
> ⑤従業員の自発を促す
> ⑥短期的成果を実現する
> ⑦成果を活かしてさらなる変革を推進する
> ⑧新しい方法を企業文化に定着させる

6. 自己リーダーシップ理論：
自分自身へのリーダーシップという考え方

　自己リーダーシップとは「フォロワーが自分で目標を設定し，自分に働きかけ，自分自身に報酬と罰の強化を与える過程（淵上，2002）」を意味します。昨今，企業組織では従業員の自律性がこれまで以上に重要視[20]されるようになっています。自己リーダーシップはフォロワーの自律性やリーダーシップの育成の観点からも重要と考えられます（ただし，組織集団では全体の管理統制が機能する必要があるので，自己リーダーシップが有効なのは，フォロワー独自の判断が認められている領域が明確化されている場合に限定されることになります[21]）。

　表 3-15 に示したように，フォロワーの自己リーダーシップを育成する方略は，「行動」と「認知（考え方）」の2側面から捉えられます。

---

20) 例えば社団法人日本経済団体連合会 (2006) では産業界が求める人材としてこれまで以上に自律型人材（主体的に考え行動する人）が不可欠になっていることを報告しています。
21) フォロワーの自己リーダーシップが強まるほど，リーダー行動はフォロワーの行動や業績に影響をもたなくなることなどが明らかにされています (Manz & Sims, 1989)。

表3-15　自己リーダーシップを育成する方略 (淵上, 2002を参考に作成)

	行動 or 認知	方　　略
行動に焦点を当てた方略	目標の自己設定	効果的な仕事遂行のために自分で目標を設定する。
	手がかりの管理	自分が期待されている行動を促進するために職場環境内での手がかりを整理し改善する。
	リハーサル	実際に仕事を遂行する前に，活動に関する肉体的，精神的な事前練習をする。
	自己観察	自分の目標達成への行動に関する観察と情報を収集する。
	自己報酬	望ましい行動を形成する際に自分にとって価値ある報酬（褒美）を自分自身に与えるようにする。
	自己懲罰	望ましくない行動をとったときに，自分に懲罰を与えるようにする（ただしこの方略はあまり効果的でない）。
認知に焦点を当てた方略	課題の中に自然な報酬を仕込む（趣味のように仕事に取り組む）	趣味のように仕事自体が報酬となるように，仕事の拠り所や方法を考えるようにする。この結果，有能感，自己コントロール感，目的意識を抱くことができる。
	自然な報酬について考えることに焦点を当てる（仕事は自分の一部であるかのように取り組んでいるようにイメージする）	仕事が自分の趣味であるかのように取り組んでいる自分の姿を意識的に考えるようにする。
	成功に有利な思考行動パターンを確立する	自分の考えや仮説，思い込み，自分への語りかけをうまくコントロールすることによって，自分の成功に有利な思考や行動パターンを確立する。

　行動面では「目標の自己設定」「手がかりの管理」「リハーサル」「自己観察」「自己報酬」「自己懲罰」の方略があります。

　認知面では「課題の中に自然な報酬を仕込む」「自然な報酬について考えることに焦点を当てる」「成功に有利な思考行動パターンを確立する」という方略が挙げられます。

　これらの知見は，自分を律することによってリーダーシップ能力を高めていくための，参考となるでしょう。

7. リーダーの行動的能力の構成要素と自信の獲得

　池田・古川（2005）によると，リーダーの自信とは「リーダーとして職場やチームの課題を遂行していくうえで必要とされる役割行動を確実に実行できると考える度合い」を意味します。池田・古川（2005）はリーダー人材の育成や能力開発の視点から，今日のリーダーに必要とされる行動的能力の構成要素を明らかにしたうえで，これらの行動的能力を「確実に実行できる度合い」を「自信」の程度として想定し，自信を獲得するための要因を検討しています。

(1) リーダーの行動的能力の構成要素

　リーダーの行動的能力は「他者との関係性領域」（メンバーの育成支援，メンバーとの関係構築，組織内外からの支援取り付け）と「課題遂行領域」（メンバーへの権限委譲，問題対処行動，職場内での目標設定，革新行動）の2次元から成り，7つの要素から構成されます。

表 3-16　リーダーの行動的能力 7 つの構成要素 (池田・古川, 2005 をもとに作成)

能力要素名	内容（具体例）
①メンバーの育成支援	・それぞれの部下の適性を見極め，役割に割り当てること ・部下に対して業績相応にチャンスを与えること ・部下に企業全体の動きをよく理解させること
②メンバーとの関係構築	・部署内での葛藤や対立を解消すること ・部下のやる気を高めること ・部署内で高い協働，チームワークをつくり上げること
③組織内外からの支援取り付け	・経営トップ層から協力や支援を得ること ・他の部門の管理者から協力を取り付けること ・企業内外で幅広い人脈をつくりだすこと
④メンバーへの権限委譲	・部下に困難な職務に挑戦させること ・部下に重要な決定を任せること ・部下に自由裁量をもたせること
⑤問題対処行動	・職務上の失敗やミスに対する最良の解決方法を見つけること ・職務上の問題に対してすばやく手を打つこと ・部下の最終業績だけでなく，そのプロセスを正確に把握すること
⑥職場内での目標設定	・自部署の目標達成のために各部下に課題を明示すること ・部下に高い水準の目標を立てさせること ・中長期的な視点で部署の目標を設定すること
⑦革新行動	・自部署で革新的な課題に取り組むこと ・上司や部下に変革を説き，理解してもらうこと ・自部署の新たな職務や課題を探すこと

(2) 管理職の自信獲得の源泉要因

　池田・古川（2006）は，リーダーの自信の程度を「リーダーの行動的能力を確実に実行できる度合い」として測定し，管理職の自信獲得に影響を及ぼす源泉要因[22]を検討しました。その結果，組織のリーダーとしての自信を獲得していくための要因が示されました。その要約は以下のとおりです。

　①自分自身の理想をもつこと
　②内省すること
　③組織，顧客，上司，同僚，部下などの周囲からの期待を理解し，期待を満たしていく行動を積み重ねていくこと[23]。

　これらの研究結果は，これから企業組織のリーダーとして活躍するためには，具体的にどのような能力が必要となるのかを考えるうえで，参考になるでしょう。

---

[22] 源泉要因は，①自己期待の充足（リーダーとしてこうありたいという自己の理想像，自分自身の達成水準），②他者期待の充足（組織，顧客，上司，同僚，部下から寄せられている期待），③経験の捉え方と活用（経験したことを内省し，次の経験に活かそうとする度合い）の 3 つです。
[23] 仕事の場面では，依頼者（雇用者，上司，顧客など）の「期待に応える」という視点が欠かせません。継続して相手の期待に応えられる人が，信頼を獲得できます。期待に応えるためには，仕事に必要な能力を保有していることが前提ですが，その他にも，大切なことは，仕事を依頼されたら，初めの段階で相手の期待する内容を具体的に理解することです。仕事に取りかかる前のスタート時点で，自分の到達イメージと相手の期待とにズレが生じている場合，期待に応えることは不可能なのです。

4 職場のストレスとメンタルヘルス

　健康で活き活きと働くことは個人にも組織にとっても望ましいことです。

　しかしながら，長引く日本経済の低迷の中，労働者を取りまく環境は厳しい状況が続いています。グローバル化やIT化により市場環境変化が激しくなり，これらに迅速に対応するために複雑な仕事が増加し，組織で働く人々に過剰なストレスが生じています。職場のストレスは個々人の健康や業務遂行に影響するだけではなく，企業全体の生産性の低下や顧客満足度を低下させ，ひいては従業員への安全配慮義務における法的責任問題にも関わる，深刻な問題を引き起こしかねません。行政も職場のメンタルヘルスへの本格的な対策[1]に乗りだしています。

　ところで今も昔も，多かれ少なかれ働く人々にとって職場のストレスは誰もが経験することとして考えられてきました。とりわけ新人時代は，不慣れな仕事に不安を感じたり，ときには失敗して落ち込むようなことを経験します。管理者になってからも，組織をマネジメントすることや権限に応じた重責にプレッシャーを感じることもあるものです。また，仕事場面では苦手な人とも協働することが求められますので，人間関係によるストレスはいつの時代にも問題となっています。一方，このような職場での様々な出来事を乗り越えていくことで，社会人として仕事の能力を高め，ストレスへの耐性を養い，人格的にも一段と成長していくという側面もあります。

　本章では，人が組織で働くということの本質的な問題として，職場のストレスとメンタルヘルスについて学習します。

　到達目標は2つです。1つ目は「ストレス」の本質を正しく理解することです。ストレスは諸悪の根源のように考えられていますが，ストレスには有益なストレス（eustress）と有害なストレス（distress）[2]とがあります。ストレスは適度であれば交感神経を目覚めさせ，判断力や行動力を高めることが明らかになっています。2つ目は対処方法への理解を深め，ストレスとうまく付き合う方法を知ることです。

　私たちはストレスフルな環境に対して，いつも受け身だけの存在ではありません。環境（職場組織）との間柄を変えていくことができます。

　本章での学びをベースとして，社会人として出会うであろう様々な出来事に能動的に関わっていけるようになってほしい（心を強くしてほしい）と思います。

---

1) 例えば厚生労働省は労働者の心の健康の保持増進のための指針（厚生労働省，2006）の公示や，職場のメンタルヘルス対策を重要な課題とした「自殺・うつ病対策プロジェクトチーム」設置（平成22年1月）などの取り組み（厚生労働省，2010）を行っています。
2) 例えば筋肉トレーニングを考えてみると，適度な負荷（有益なストレス）をかけてトレーニングすれば筋力を強化し，運動の後の爽快感も得られます。過剰に負荷（有害なストレス）をかけすぎると疲労骨折など体を痛めてしまい，心身に苦痛をもたらします。

はじめに職場に限らない全般的なストレスについて学び，次いで職場のストレスに焦点を当てて学習していきます。

1. ストレス

（1）健康の定義

世界保健機関（WHO）の健康の定義は「健康とは身体的にも，精神的にも，社会的にも完全に良い状態を意味するものであって，ただ単に病気や虚弱でないというだけではない（Health is a state of complete physical, mental and social well-being and not merely the absence of disease or infirmity.)」としています。

職場のメンタルヘルス[3]では，病気や予防という医学的な次元を超えて，一人ひとりの働きがいや生きがい，職場，家庭，地域という生活場面でのトータルにバランスがとれた状況を積極的に考えていくことが重要です。

（2）ストレスとは：「ストレス」・「ストレッサー」・「媒介要因」・「ストレス反応」

日常会話での「ストレス」という言葉は，用いられる場面によって微妙に示す内容が異なり[4]，「ストレスとは？」と改めて問われると，一言で答えるのは難しいものです。ストレスの定義は研究者によって様々ですが，ストレスとは何らかの刺激を受けて心身に歪みが生じている現象を意味します。

ストレスのもとになる原因を「ストレッサー（stressor）」と呼び，ストレッサーによって引き起こされる反応を「ストレス反応（strain）」と呼びます。そして，ストレッサーとストレス反応の間にある，ストレスを強めたり弱めたりするものを「媒介要因（moderator）」と呼びます（図4-1）。

小杉（2002）によると，ストレスの構成要素は次の3側面から捉えることができます。

ストレスの構成要素とは以下から成り立っています。

①心身の安全を脅かす環境や刺激（ストレッサー）
②環境や刺激に対応する心身の諸機能・諸器官の働き（生体内の反応や媒介要因）

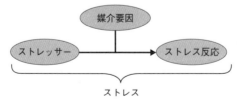

図4-1　ストレスの構成要素

---

[3]　メンタルヘルス＝心の健康。
[4]　例えば「ストレスがたまる」というときは，何か悪いものが体や心に溜まっていくイメージで，その悪いものを表す用語として用いています。また，「期末試験がストレスだ」というときのストレスには，心身に何らかのマイナスの影響を与える，外からの刺激そのものを表すものとして用いています。

③対応した結果としての心身の状態（ストレス反応）

本章では，これらの3つを含む全体的な状況をストレスとして考えます。

職場ストレスを，職場のストレッサーによって，働く人の心身に起こる変化や反応のことと定義します。

(3) ストレッサーの分類

一般的に「ストレッサー」は，表4-1に示したように，大別すると外的なストレッサーと内的なストレッサーとの2つに分類されます。外的ストレッサーには物理的，社会的ストレッサーがあり，内的ストレッサーには心理的，生理的・身体的ストレッサーがあります。

心理的社会的なストレッサーに着目すると，表4-2に示したように，トラウマ（traumas），ライフイベンツ（life events），デイリー・ハッスルズ（daily hassles），マクロ・ストレッサー（macro stressor），ノンイベンツ（nonevents），慢性的ストレッサー（chronic stressor）の6つに分類されます（Wheaton, 1996）。

表4-1　一般的なストレッサーの分類

外的	物理的ストレッサー	寒暖の変化，騒音，高低音による刺激など
	社会的ストレッサー	経済情勢の変化，人間関係など
内的	心理的ストレッサー	緊張，不安，悩み，焦り，寂しさ，怒り，憎しみなど
	生理的・身体的ストレッサー	疲労，不眠，健康障害といった生理的，身体的状況の変化など

表4-2　心理社会的ストレッサーの分類（Wheaton, 1996）

ストレッサー	内容
①トラウマ（traumas）	事故や災害など，極めて深刻かつ衝撃的で，多くの場合，突発的な出来事のこと。
②ライフイベンツ（life events）	失業，転職，左遷，過度な昇進，転勤，配置転換といった大きな生活変化をもたらす個別の出来事のこと。
③デイリー・ハッスルズ（daily hassles）	日常的な環境で遭遇するイライラ，欲求不満，悩み事など比較的小さな出来事のこと。
④マクロ・ストレッサー（macro stressor）	不況，社会不安，高い失業率などの出来事として表出したり，持続的にインパクトを与える刺激。
⑤ノンイベンツ（nonevents）	望んでいることや期待している出来事が起こらないこと。
⑥慢性的ストレッサー（chronic stressor）	時間的に開始と終了が不明確な，日常生活の中での持続的な問題やトラブル，欲求不満，葛藤，脅威のこと。

2. 媒介要因

(1) 媒介要因：2つの側面

媒介要因は大別すると個人的な要因（年齢・性別・職種・感受性・タイプA行動パターン・ストレス対処など）と環境要因（ソーシャルサポート・組織風土・組織文化など）の2つ

の側面に分けて捉えられてきました。

　ここでは"職場におけるストレスとうまく付き合っていく"という観点から，媒介要因としての「タイプA行動パターン」「ストレス対処（コーピング）」「ソーシャル・サポート（社会的支援）」の3要因について取り上げます。

(2) タイプA行動パターン

　タイプA行動パターンとはフリードマンとローゼンマンら（Friedman & Rosenman, 1959）によって虚血性心疾患の患者に共通した行動パターン[5]として示された概念であり，次のような特徴が挙げられています。

- 性格面：競争的，野心的，精力的
- 行動面：機敏，性急で常に時間に追われて切迫感をもち，多くの仕事に巻き込まれている。
- 身体面：高血圧や高脂血症が多い。

　このようなタイプA行動パターンは，競争社会で活躍するビジネスパーソンにも多く見られる行動パターンでもあります。現代社会で成功するための1つの条件とも考えられます。しかしながら，「命あっての物種」です。タイプA行動パターンの人は，生活習慣を見直して，過労に陥らないように予防に努めることが大切です。

　タイプA行動パターンを測定するツールが開発されています。ここでは前田（1985）のA型傾向判別表を紹介します。

---

[5] "固定的な"性格特性とは区別された「行動パターン」として考えられた概念です。

A 型傾向判別表 (前田, 1985)　ワーク

合計 30 点満点で得点を算出します。17 点以上がタイプ A 行動パターンとなり，注意が必要とされます。

項　目	そんなことはない	しばしばそうである	いつもそうである
1　忙しい生活ですか	[0]	[1]	[2]
2　毎日の生活で時間に追われるような感じがしていますか	[0]	[1]	[2]
3　仕事，その他なにかに熱中しやすい方ですか	[0]	[1]	[2]
4　仕事に熱中すると，他のことに気持ちのきりかえができにくいですか	[0]	[1]	[2]
5　やる以上はかなり徹底的にやらないと気がすまない方ですか	[0]	[2]	[4]
6　自分の仕事や行動に自信をもてますか	[0]	[2]	[4]
7　緊張しやすいですか	[0]	[1]	[2]
8　イライラしたり怒りやすい方ですか	[0]	[1]	[2]
9　几帳面ですか	[0]	[2]	[4]
10　勝気な方ですか	[0]	[1]	[2]
11　気性が激しいですか	[0]	[1]	[2]
12　仕事，その他のことで，他人と競争するという気持ちをもちやすいですか	[0]	[1]	[2]

【記入日　　　年　　月　　日】

(3) ストレス対処(ストレス・コーピング)

人はストレッサーに対して受け身でいるだけの存在ではありません。私たちは，ストレスとなりえる出来事に遭遇しても，上手に対処していくことで，マイナスとなる気持ちを静めることができたり，状況を良くしたり，自分にとってプラスの経験に変えていくことができます。

図 4-2 に示したようにストレッサーに対して個人がどのように受け止めたり，対処するかで，体験するストレスは変わってきます。

ストレッサーに出会った個人が行う対処行動や努力を「ストレス対処(またはストレス・コーピング)」といいます。

ラザルスとフォークマン(Lazarus & Folkman, 1984)は，2つの対処の様式を考えました。1つはストレスの原因や問題に直接働きかけ，処理しようとする「問題解決型」，もう1つは自分の考え方や感じ方をコントロールすることでその状況を乗り切ろうとする「情動調整型」の2つです。

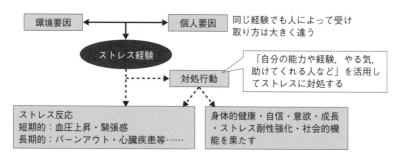

図 4-2 ストレス体験とストレス対処

表 4-3 ストレス対処方法

様　式	対処方法
問題解決型	①直面的対処 ②計画的な問題解決
情動調整型	③否認 ④自己コントロール ⑤責任を引き受ける ⑥逃避，避難 ⑦肯定的な再評価
問題解決型・情動調整型	⑧ソーシャルサポートを求める

　ラザルスらは 8 種類の対処方法を見出しています。それらを要約したものが表 4-3 です。

　ここで重要なことは，対処方法を状況に応じて，柔軟に組み合わせて活用[6]していくという視点です。

　これからの人生で，どのような出来事に出会うかは予測することができません。うまく対処していくためには，1 つの方法に固執するのではなく，いくつもの方法を自分で選択できるようにしておくことが望ましいと考えられます。

あなたの対処方略（神村ら，1995）　ワーク

　①あなたの対処行動パターンを考えてみましょう（神村ら，1995 より引用）。
　②得点の算出：24 の質問項目は 8 つの下位尺度に該当しています。各下位尺度に該当する質問項目の合計得点を算出します。

---

[6] 人生において何が起こるかは予測不可能です。「押してもだめなら引いてみよう」というような柔軟性が大切です。

精神的につらい状況に遭遇したとき，その場を乗り越え，落ち着くために，あなたは普段から，どのように考え，どのように行動するようにしていますか。各文章に対して自分がどの程度あてはまるか，評定してください。

項目	質問	そのようにしたこと（考えたこと）はこれまでにない。今後も決してしてないだろう。	ごくまれにそのようにしたこと（考えたこと）がある。今後もそのようにしたこと（考えたこと）があまりないだろう。	何度かそのようにしたこと（考えたこと）がある。	しばしばそのようにしてきたこと（考えたこと）がある。今後もたびたびそうするだろう。	いつもそうしてきた（考えてきた）。今後もそうするだろう。
1	悪いことばかりではないと楽観的に考える	1	2	3	4	5
2	誰かに話を聞いてもらい気を静めようとする	1	2	3	4	5
3	嫌なことを頭に浮かべないようにする	1	2	3	4	5
4	スポーツや旅行などを楽しむ	1	2	3	4	5
5	原因を検討しどのようにしていくべきか考える	1	2	3	4	5
6	力のある人に教えを受けて解決しようとする	1	2	3	4	5
7	どうすることもできないと解決を先延ばしにする	1	2	3	4	5
8	自分は悪くないと言い逃れをする	1	2	3	4	5
9	今後はよいこともあるだろうと考える	1	2	3	4	5
10	誰かに話を聞いてもらって冷静さを取り戻す	1	2	3	4	5
11	そのことをあまり考えないようにする	1	2	3	4	5
12	買い物や賭事，おしゃべりなどで時間をつぶす	1	2	3	4	5
13	どのような対策をとるべきか綿密に考える	1	2	3	4	5
14	詳しい人から自分に必要な情報を収集する	1	2	3	4	5
15	自分では手に負えないと考え放棄する	1	2	3	4	5
16	責任を他の人に押しつける	1	2	3	4	5
17	悪い面ばかりでなくよい面をみつけていく	1	2	3	4	5
18	誰かに愚痴をこぼして気持ちをはらす	1	2	3	4	5
19	無理にでも忘れるようにする	1	2	3	4	5
20	友だちとお酒を飲んだり好物を食べたりする	1	2	3	4	5
21	過ぎたことの反省をふまえて次にすべきことを考える	1	2	3	4	5
22	既に経験した人から話を聞いて参考にする	1	2	3	4	5
23	対処できない問題だと考え，諦める	1	2	3	4	5
24	口から出まかせを言って逃げ出す	1	2	3	4	5

下位尺度（対処方略）	該当する質問項目番号	合計得点
①カタルシス	2・10・18	
②放棄・あきらめ	7・15・23	
③情報収集	6・14・22	
④気晴らし	4・12・20	
⑤回避的思考	3・11・19	
⑥肯定的解釈	1・9・17	
⑦計画立案	5・13・21	
⑧責任転嫁	8・16・24	

③最も得点が高かったのはどの方略ですか？　最も得点が低かったのはどの方略ですか？
④③の高得点，低得点の２つについて，あなた自身のストレス体験を振り返り，それぞれの対処方略を行った結果，経験したこと（成功または失敗体験）を１つ書き込みましょう。
⑤気が付いたこと（対処方略のメリット，工夫・改善点）を自由に記入し，話し合ってみましょう。

あなたの対処方略	成功または失敗体験	気づき（対処方略のメリット，工夫・改善点）
高得点：		
低得点：		

【記入日　　　年　　月　　日】

> **トピック**　実践！　自己コントロール：
> こんなこころの"くせ"はありませんか？

　私たちには，何かの出来事があったときに，瞬間的に浮かぶ考えやイメージがあります。これは「自動思考」と呼ばれています。「自動思考」によって，気持ちが動き行動することになります。ストレスに対して強い心を育てるためには「自動思考」に気づいて，それに働きかけることが役に立ちます。ここでは，平成 21 年度厚生労働省こころの健康科学研究事業「精神療法の実施方法と有効性に関する研究」（厚生労働省，2009c）を参考に自己コントロールの 1 つとして考え方を柔らかくしなやかにしていく方法を紹介します。

あなたの気分や感情は「自動思考」に影響を受けます

　次の場面を想像してください。職場ではじめて上司にある提案書の作成を命じられた場面です。

> あなたは，やる気満々で，寝る間も惜しんで残業し，一生懸命取り組み，期限内に提案書を完成させて，上司に提出しました。ところが，上司は「これでは使い物にはならない」と一言。

このようなとき，あなたはどんな考えが浮かぶでしょうか？

> 【パターン A】
> 「こんなに頑張ったのに，ひどい」
> 「自分にはこの仕事が向いていないんだ」
> 「上司は自分を嫌っているに違いない」

⇒このように考えると，落ち込んでしまい，やる気はしぼんでしまいます。イライラして仕事が手につかない可能性もあります。

> 【パターン B】
> 「完璧だと思ったのに，残念だな……よっぽど上司は自分に期待していたんだな」
> 「どこがいけなかったんだろう？」

⇒このように考えると，上司に改善点を聞いたり，自分で調べようとするなど，次のアクションを起こすことになり，仕事を前に進めることや自己成長につながります。

結果の違いは「自動思考」の違いから

　同じ出来事でもパターン A，B の結果は違ってしまいました。パターン A は，イライラして仕事に集中できなくなり，一方，パターン B は，仕事を進めることができて，自分の成長にもつなげています。

　この結果の違いは，A と B の自動思考にあると考えらます。A の自動思考には「べき思考（一生懸命やったことはすべて受け入れられるべきであると思っている）」「過度の一般化（たった一回できなかっただけなのに，自分にはこの仕事が向いていないと，結論づける）」「感情的決めつけ（証拠もないのに上司は自分を嫌っているんだと思い込む）」という，考え方のかたよりがあったから，結果が望ましくなかったと考えられます。

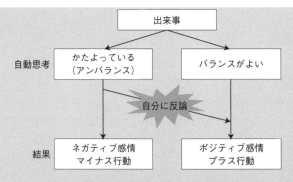

図 4-3　自動思考による結果の違い

自分に「反論する」ことが良い結果に

　パターンAは，例えば「人生，一生懸命やったことがすべて受け入れられるという保証はどこにもない。受け入れられるに越したことはないが，受け入れられないこともある」「一生懸命やったことは無駄にはならない，次回に活かせる」と，考え方のかたよりに自分で気がついて，バランスのとれた考え方になるように，「自分に反論する」ことが良い結果を導くポイントです。
　私たちはバランスのよい考え方を心がけることで，自分の気持ちや行動を変えていくことができます。

バランスのよい考え方をするには3つのポイントがあります

　①事実，現実に基づいて考える，②考え方のくせ（アンバランス）に注目する，③視点を変えてみる，の3つです。それぞれのポイントを説明します。

　①事実，現実に基づいて考える
　　・そのように考えられる根拠と，反対の根拠を考えてみる
　　・「本当にそうだろうか？」「それは事実だろうか？」
　②考え方のくせ（アンバランス）に注目する（表 4-4）

表 4-4　考え方のくせ（アンバランス）の代表例（厚生労働省，2009c）

1　感情的決めつけ
　証拠もないのにネガティブな結論を引き出しやすいこと　「○○に違いない」

2　選択的注目（こころの色眼鏡）
　良いこともたくさん起こっているのに，ささいなネガティブなことに注意が向く

3　過度の一般化
　わずかな出来事から広範囲のことを結論づけてしまう

4　拡大解釈と過小評価
　自分がしてしまった失敗など，都合の悪いことは大きく，反対に良くできていることは小さく考える

5　自己非難
　本来自分に関係のない出来事まで自分のせいに考えたり，原因を必要以上に自分に関連づけて，自分を責める

6　"0か100か"思考（白黒思考・完璧主義）
　白黒つけないと気がすまない，非効率なまで完璧を求める

7　自分で実現してしまう予言
　否定的な予測をして行動を制限し，その結果失敗する。そうして，否定的な予測をますます信じ込むという悪循環

> ③視点を変えてみる
> ・自分に問いかけ「自動思考」を再度考え直す
> ・家族や友人が同じことを考えていたら，どのようにアドバイスするだろう？
> ・○○さんがここにいたらなら，どうアドバイスしてくれるだろう？
> ・以前，同じような経験はなかったか？　そのときどう対処しただろう？
> ・自分ではどうしようもないことで，自分を責めていないだろうか？
> ・自分が今悩んでいることの「意味」を考える
> 　「何のためにこれをやるのだろう？」……最終的な目的
> 　「自分はどんなことを心配しているのだろう？」……心配する結果

（4）ソーシャル・サポート（社会的支援）[7]

　人はストレッサーに遭遇したときに自分を支えてくれる人が存在するのと，しないのとでは，ストレスを体験する度合いが大きく異なります。

　ソーシャル・サポートとは援助を求めることができる人間関係のことであり，ストレス対処の効果的な方法として注目されています。

　ハウス（House, 1981）はソーシャル・サポートの機能を4つ提示しています。

①**情緒的サポート**（emotional support）：愛情，共感，配慮，信頼など，人と人との情緒的な結びつきによる支援（愚痴を聞く，慰めることなど）。

②**手段的サポート**（instrumental support）：お金または労力を提供するような直接的な行為による支援（仕事を手伝う，お金を貸すなど）。

③**評価的サポート**（appraisal support）：その人の考えや行動への評価基準を提供することによる支援（適切なフィードバックをする，その人の考えや行動が社会的な善悪，正しいかどうかを評価するなど）。

④**情報的サポート**（informational support）：必要な情報やアドバイス，専門的な知識を伝えるなど情報提供による支援（どこに行けば必要な情報が得られるか教えるなど）。

　これらは互いに組み合わさりながら人の行動を支えています。1人の人が4つのサポートを提供するのではなく，様々に分担されており，これらの支援を多く調達できる人ほどストレスを経験することが少ないと考えられています。

　ソーシャル・サポートを受けている人間関係全体を指して，ソーシャル・サポート・ネットワークと呼びます。

　カーンとアントヌッチ（Kahn & Antonucci, 1980）は，コンボイ・モデル（convoy model）[8]を提唱し，ソーシャル・サポート・ネットワークの構造を説明しています。コンボイとは，本来，

7）対人関係が健康に与える影響に最初に着目したのはバークマンとサイム（Berkman & Syme, 1979）でした。カリフォルニア州のアラメダという地域で30歳から69歳の4,725人の男女を対象に9年間追跡調査した結果，家族や友人と接触頻度，教会への参加頻度が高いほど，公式・非公式の集団に所属しているほど死亡率が低いことが明らかにされました。

8）高橋（2007）によると，コンボイは乳児期の中核的な愛着関係から出現し，子どもがより広い社会領域に入るにつれて，他の重要な関係をも取り込んで拡がっていくと考えられています。

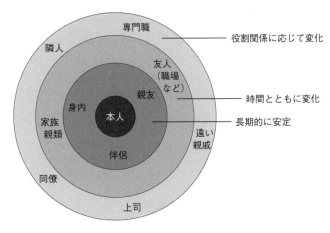

図 4-4 コンボイ・モデル

護衛艦のことです。船が船団を組んで航海するとき，戦艦が周りを何隻もの護衛艦に囲まれ守られていることになぞらえて，個人のネットワークの構造を表すのに用いられました。

図 4-4 に示したようにコンボイ・モデルでは，中心に近いほど強い縁（きずな）で結ばれ，長期にわたって関係を維持し続ける者と規定され，そのように内側の同心円にいる人ほど，個人にとって安定したサポート源であるとされています。中心の円は，その人自身であり，その周りにある3つの同心円はその人のコンボイを表します。コンボイは固定的ではなく，生活環境に応じて変化していきます。

あなたの応援団を考える，あなたも誰かの応援団になる！　ワーク

①あなたが進路（大学，専門学校，高等学校など）を決定し，受験，入学手続きを経て，新たな学生生活をスタートさせるまでの間には，どのようなサポートを受けたでしょうか？
ハウス（House, 1981）が提示したソーシャル・サポートの4機能を用いて分析してみましょう。

4機能	サポートの内容（いつ，だれに，どのような）
情緒的サポート	
手段的サポート	
評価的サポート	
情報的サポート	

②あなたは，家族・大切な人・友人にどのようなサポートを提供していきたいと思いますか？
以下のサポートの例を参考に，感じたことを自由に表に書き込んで，話し合ってみましょう。

サポートの例（岩佐ら，2007 の「日本語版ソーシャル・サポート尺度」を参考に作成）
　家族へのサポート
　　・必要なときに私は私の家族の心の支えとなりたい
　　・私は家族に何か問題があったら一緒に話し合いたい
　　・私は私の家族が何か決めるときには，喜んで助けてあげたい
　大切な人へのサポート
　　・喜びと悲しみを分かち合いたい
　　・困ったときにはそばにいてあげたい
　　・その人の真の慰めの源となりたい
　　・その人の気持ちについて何かと気づかってあげたい
　友人へのサポート
　　・喜びと悲しみを分かち合いたい
　　・友人が抱えている悩みや問題を聴いてあげたい
　　・友人がうまくいかないことがあったら，助けてあげたい

対象	あなたが提供するサポート（現在あるいは将来）
家族	
大切な人	
友人	

【記入日　　　年　　月　　日】

3. ストレスと生産性

適度なストレスは（従業員の）生産性や効率を高めることが様々な研究から明らかにされています[9]。

職場ではじめての仕事や困難な課題を任されると，誰しも緊張や興奮が喚起されストレスを感じるものですが，かえって自分の能力以上の働きができて，結果的にパフォーマンスが向上するということがあります。

社運をかけた"外せない"プレゼンテーションを任されたために，緊張感をもって入念に準備し，当日も普段の実力以上の素晴らしい発表ができた，というようなことはよくあることです。

一方，ストレッサーがない職場，だらだらした緊張感のない状態では働く人の意欲は下がり，生産性や効率性は低下します。また，過度のストレス環境下でも，強度の緊張が引き起こされて，生産性は低下します。

図4-5はヤーキーズとドッドソンの法則（Yerkes & Dodson, 1908）を用いて，ストレスと生産性の関係を示したものです。

企業組織の生産性を高めるために有効なことは，働く人のストレスを全くなくすことではなく，最適なレベルに保つことです。過度なストレスを軽減させる一方で，ストレッサーを加えて心身を刺激するという調整や配慮が欠かせないのです。

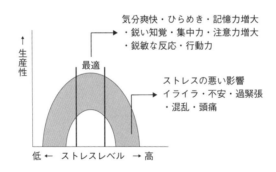

図4-5　ストレスと生産性の関係

4. ストレス研究の歴史的背景

（1）セリエ（Selye, H.）のストレス学説

ストレスという用語は本来，物理学や工学の領域で使用され，外圧によって生じる歪みを元にもどそうとする，物質内部の力を指す用語でした。これを生命体に適用し，ストレスという概念を生み出したのは生理学者セリエ（Selye, 1936）です。

---

9) 田尾（2004）は，動機づけることは，緊張を喚起することであると捉え，適度のストレス，危機的事態の認知は必要であり望ましいことであると説明しています。

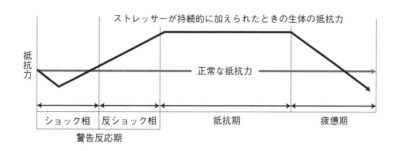

図 4-6　一般適応症候群・ストレッサーが持続的に与えられたときの生体の抵抗力

　生体が外部から物理的，心理的，社会的に色々な刺激を受けて緊張，歪みの状態を起こすと，これらの刺激（＝ストレッサー）に順応，適応しようとして一種の防衛反応が起こります。これらの反応を，セリエはストレス反応と呼びました。

　セリエはストレス反応を，環境からの刺激負荷によって引き起こされる下垂体－副腎皮質ホルモン系を中心とした共通の（非特異的で，決まり切ったものではない）生物的反応，あるいは生体に生じる生物学的"歪み"と考えました。ストレス反応は刺激に適応するための反応であり，一定の共通した反応パターンを「一般適応症候群」（GAS: General Adaptation Syndrome）と命名しました。

　症候群は時間とともに以下の3相を経て進行します（図4-6）。

　①**警告反応期**（stage of alarm reaction）：ストレッサーが加えられた直後に一時的に身体の抵抗力が低下するショック相と，それに対する防衛反応として抵抗力が高まり始める反ショック相から成り，ストレッサーに抵抗するための準備態勢が整えられる。
　②**抵抗期**（stage of resistance）：ストレッサーに対する抵抗力が正常時を上回って増加し，維持される時期。
　③**疲憊期**（stage of exhaustion）：さらにストレッサーが持続すると，抵抗力は再び低下し，生体はもはやストレッサーに耐えられなくなって，様々な適応障害が生じる。

　セリエはストレッサーと身体の疾患・健康状態との関係を解明しようとし，ストレスの過程を適応のメカニズムとして捉えたところに特徴があるといえます。

(2) ラザルス（Lazarus, R. S.）のシステム理論

　生理学や精神医学の研究者を中心に構築されてきたストレス研究の流れの中で，心理的ストレスを提唱し，システム理論を構築したのはラザルス（Lazarus, 1966）です。ラザルスは心理的ストレスを「人間と環境との間の特定な関係であり，その関係とは，ある個人の資源（resource）に何か負荷を負わせるような，あるいは，それを超えるようなものとして評価された要求である」と定義しました。

　図4-7に示したように，ストレスは，原因となる因果関係前件が媒介過程を経て，短期的変化や長期的結果に結びつくというシステムだと捉えます。

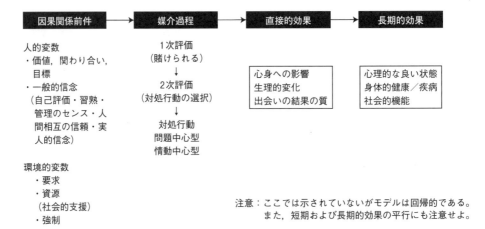

図 4-7　ストレス，評価，対処と適応に関する理論モデル (Lazarus, 1990)

　因果関係前件には価値観や一般的な信念という個人の要因と要求や強制などの環境要因があります。ここに個人の重要な目標がまったく含まれていない場合には，そこには何のストレスも生じないとされます。

　媒介過程には1次評価と2次評価があります。1次評価は個人がある環境との出会いについて「何かが危うくなっている，問題となっている，賭けられている（at stake）」と評定する段階です。2次評価は「いかなる対処行動の選択が私には可能か」という段階です。このモデルでは，対処によって個人と環境との関係性を変えていくことができると想定されます。対処過程は，評価過程によって変化します。

　ラザルスはシステム理論の中核は「媒介過程」にあり，ストレスの本質を理解するためのキーポイントは「評価」と「対処行動」であると強調しています。

　直接的効果はストレスフルな出会いの短時間での情動的な結果であり，単一の出会いです。長期的効果は特定の単一の出会いではなく，適応上の問題を含んでおり，数多くの出会いや対処行動のパターンの蓄積から生じる結果です。

　適応上引き起こされる結果は3つ指定されています。「主観的な良い状態，精神的健康（well-being）」「社会的な機能（例えば，職場における人間関係の処し方）」「身体的な健康」の3つです。

　ラザルスのシステム理論は，ストレスは評価や対処行動のプロセスをうまく乗り越えることで，より望ましい結果をもたらすことが可能であることを示しています。

　なお，1960年代後半には実生活の中での出来事，ライフイベント（例えば，配偶者の死，結婚，離婚，失業などの）をランクづけし，ストレス値として得点化し，その得点によって病気の発生を予測しようとするライフイベント研究も盛んに行われました（例えば，Holmes & Rahe, 1967）。これらの研究は，日常生活に変化を生じさせる出来事に遭遇した後で，もとの生活にもどるためにどのくらいの時間やエネルギーが必要かという点からストレスを捉えようとしたものでしたが，ラザルスは次のような問題を指摘しています。

　①大きな事件ではなくて日常の小さな煩わしい出来事の積み重ねがストレスになるし，大きな事件は同時に日常の小さな事件を増やすこともあること

②病気との相関が予想以上に低いこと
③典型的な入力・出力モデルであること(「事件＝ストレス」ではない)
④個人的意味や対処行動の視点が無視されている

　ラザルスの理論は，人間と環境の相互作用を重視している点が特徴的です。この研究により，ストレスにおける個人の認知的側面（出来事を"どう受け止めるか"）や対処行動の重要性が明示されたといえるでしょう。

5. 職場ストレス[10]とメンタルヘルス対策

(1) 事業所におけるメンタルヘルス対策と働く人のストレスの現状

　「平成25年（2013年）労働安全衛生調査」（厚生労働省，2014年9月公表）によるとメンタルヘルス対策に取り組んでいる事業所の割合は60.7％［23年調査43.6％，24年調査47.2％］で年々上昇傾向にあることが報告されています（厚生労働省，2014a）。事業所規模別にみると，従業員数300人以上の中規模以上の事業所では，9割以上の事業所で何らかのメンタルヘルス対策に取り組んでいることが示されています。

　取組内容（複数回答）をみると，「労働者への教育研修・情報提供」（46.0％）が最も多く，次いで「事業所内での相談体制の整備」（41.8％），「管理監督者への教育研修・情報提供」（37.9％）となっています（表4-5）。

　また同調査によると，現在の仕事や職業生活に関することで強い不安，悩み，ストレスとなっていると感じる事柄がある労働者の割合は全体では平成24年（2012年）より8.6ポイント低下し，52.3％となっています。しかし，就業形態別にみると（表4-6），正社員では58.2％であり，依然として高い傾向にあります。

　ストレスを感じる内容（3つ以内の複数回答）としては，「仕事の質・量」（65.3％）が最も多く，次いで「仕事の失敗，責任の発生等」（36.6％）となっています。

　過去1年間にメンタルヘルス不調により連続1か月以上休業又は退職した労働者がいる事業所の割合をみると，10.0％［24年調査8.1％］で24年調査より上昇しています。

　また，「平成26年度過労死等の労災補償状況」（厚生労働省，2015年6月25日公表）によると，仕事による強いストレスなどが原因で発病した精神障害の労災請求件数は1,456件で，前年度比47件の増となり，支給決定件数は497件（うち未遂を含む自殺99件）で，前年度比61件の増となり，ともに過去最多を更新しています（厚生労働省，2015）。

　これらのデータから，仕事や職業生活でストレスを感じたり，メンタルヘルス不調の問題を抱える労働者の割合は依然として高い傾向にあり，また精神障害等による労働災害の申請および認定件数はなお増加の一途をたどっていることが分かります。

---

10) 職場ストレスを，職場のストレッサーによって，働く人の心身に起こる変化や反応のことと定義します（p.102参照）。職場ストレスと類似したものに「職業性ストレス」「労働ストレス」「仕事ストレス」「ワーク・ストレス」などがありますがこれらの諸概念の異同を明確にすることは難しいと考えられます。職場ストレスとは，これらを含むものとして考えます。

表 4-5 メンタルヘルス対策の取り組みの有無および取り

区分	事業所計	取り組んでいる		取り組み内容							
				安全衛生委員会等での調査審議	メンタルヘルス対策について、担当者の選任	メンタルヘルス対策に関する問題点を解決するための計画の策定と実施	メンタルヘルス対策の実務を行う担当者の選任	労働者への教育研修・情報提供	管理監督者への教育研修・情報提供	事業所内の産業保健スタッフへの教育・情報提供	職場環境等の評価及び改善	メンタルヘルスケアの実施	健康診断後の保健指導におけるメンタルヘルスケアの実施
平成25年	100.0	60.7	(100.0)	(20.7)	(10.6)	(21.0)	(46.0)	(37.9)	(12.8)	(23.2)	(32.0)
(事業所規模)											
1,000人以上	100.0	97.9	(100.0)	(72.1)	(58.5)	(63.9)	(81.7)	(78.9)	(65.3)	(39.3)	(55.8)
500～999人	100.0	97.3	(100.0)	(56.0)	(36.9)	(53.5)	(69.2)	(71.0)	(44.1)	(31.1)	(41.1)
300～499人	100.0	94.5	(100.0)	(48.4)	(28.3)	(43.2)	(62.8)	(61.5)	(35.8)	(23.1)	(41.4)
100～299人	100.0	88.1	(100.0)	(45.7)	(21.4)	(38.1)	(54.3)	(50.5)	(22.7)	(20.6)	(34.8)
50～99人	100.0	77.6	(100.0)	(37.7)	(16.1)	(28.6)	(46.6)	(38.5)	(15.6)	(20.8)	(34.9)
30～49人	100.0	63.9	(100.0)	(22.7)	(10.2)	(21.1)	(44.2)	(37.9)	(13.5)	(24.5)	(33.4)
10～29人	100.0	55.2	(100.0)	(13.1)	(7.8)	(16.8)	(44.8)	(35.5)	(10.1)	(23.4)	(30.4)

表 4-6 仕事や職業生活に関する不安, 悩み, ストレスの有無および内容別労働者割合 (厚生労働省, 2014a)

(単位：%)

区分	労働者計	強い不安、悩み、ストレスを感じる事柄がある		強い不安、悩み、ストレスの内容（3つ以内の複数回答）							強い不安、悩み、ストレスがない	不明
				仕事の質・量	対人関係（セクハラ・パワハラを含む）	役割・地位の変化等（昇進、昇格、配置転換等）	仕事の失敗、責任の発生等	事故や災害の体験	その他	不明		
平成25年	100.0	52.3	(100.0)	(65.3)	(33.7)	(25.0)	(36.6)	(2.8)	(18.5)	(0.3)	47.5	0.2
(年齢階級)												
20歳未満	100.0	22.8	(100.0)	(59.3)	(5.7)	(4.9)	(83.1)	(3.3)	(6.8)	(-)	77.0	0.1
20～29歳	100.0	46.0	(100.0)	(70.3)	(31.3)	(23.8)	(43.5)	(0.6)	(17.6)	(0.0)	53.4	0.5
30～39歳	100.0	58.4	(100.0)	(65.4)	(34.9)	(25.3)	(38.1)	(2.6)	(16.1)	(0.1)	41.4	0.2
40～49歳	100.0	55.8	(100.0)	(65.0)	(35.5)	(29.4)	(35.6)	(2.0)	(20.4)	(0.5)	44.1	0.1
50～59歳	100.0	52.9	(100.0)	(65.6)	(32.8)	(23.0)	(30.4)	(5.1)	(20.1)	(0.2)	46.9	0.2
60歳以上	100.0	33.1	(100.0)	(51.6)	(28.4)	(10.7)	(34.3)	(5.0)	(18.6)	(2.1)	66.5	0.3
60～64歳	100.0	31.6	(100.0)	(56.3)	(24.2)	(12.1)	(42.6)	(3.6)	(16.7)	(3.1)	68.4	0.0
65歳以上	100.0	36.8	(100.0)	(41.7)	(37.2)	(7.8)	(16.9)	(7.9)	(22.7)	(-)	62.1	1.1
(性別)												
男	100.0	52.8	(100.0)	(67.1)	(30.9)	(29.7)	(37.6)	(3.7)	(16.6)	(0.2)	46.9	0.2
女	100.0	51.5	(100.0)	(62.5)	(38.1)	(17.8)	(35.1)	(1.4)	(21.3)	(0.4)	48.3	0.2
(就業形態)												
正社員	100.0	58.2	(100.0)	(67.3)	(33.1)	(27.2)	(36.2)	(2.9)	(18.1)	(0.4)	41.5	0.3
契約社員	100.0	50.0	(100.0)	(59.7)	(47.0)	(23.3)	(34.5)	(4.0)	(19.4)	(-)	49.7	0.3
パートタイム労働者	100.0	31.3	(100.0)	(56.8)	(31.2)	(10.7)	(41.5)	(1.0)	(19.3)	(-)	68.6	0.1
臨時・日雇労働者	100.0	36.9	(100.0)	(18.7)	(0.4)	(1.3)	(48.9)	(0.0)	(32.6)	(-)	62.7	0.5
派遣労働者	100.0	32.7	(100.0)	(58.2)	(31.2)	(26.7)	(27.8)	(2.1)	(21.4)	(-)	67.3	-
平成24年	100.0	60.9	…	…	…	…	…	…	…	…	39.1	-

組み内容別事業所割合（厚生労働省，2014a を一部改変）

（単位：％）

（複数回答）	社内のメンタルヘルスケア窓口の設置	社外のメンタルヘルスケア窓口の設置	労働者のストレスの状況などについて調査票を用いて調査（ストレスチェック）	職場復帰における支援（職場復帰支援プログラムの策定を含む）	事業所内での相談体制の整備	地域産業保健センターを活用したメンタルヘルスケアの実施	都道府県産業保健推進センターを活用したメンタルヘルスケアの実施	医療機関を活用したメンタルヘルスケアの実施	他の外部機関を活用したメンタルヘルスケアの実施	その他	取り組んでいない	不明
	…	…	(26.0)	(17.5)	(41.8)	(4.1)	(2.2)	(13.6)	(15.5)	(5.9)	39.1	0.2
			(63.1)	(78.1)	(84.7)	(5.3)	(6.9)	(34.9)	(47.7)	(4.2)	2.0	0.1
			(48.7)	(61.3)	(68.9)	(6.6)	(3.8)	(26.6)	(39.9)	(5.5)	2.7	-
			(41.3)	(48.2)	(61.5)	(5.4)	(5.3)	(20.9)	(31.1)	(3.5)	5.2	0.2
			(34.8)	(31.1)	(55.6)	(5.1)	(5.4)	(22.5)	(20.7)	(4.2)	11.8	0.2
			(26.3)	(19.3)	(43.5)	(4.9)	(3.0)	(14.6)	(17.7)	(4.8)	22.2	0.2
	…	…	(23.9)	(17.3)	(43.6)	(4.0)	(1.7)	(11.5)	(20.1)	(3.1)	36.1	0.0
	…	…	(24.9)	(14.6)	(38.7)	(3.9)	(1.7)	(12.7)	(12.8)	(7.0)	44.6	0.2

表 4-7 過去 1 年間におけるメンタルヘルス不調により連続 1 か月以上休業又は退職した労働者数階級別事業所割合（厚生労働省，2014a）

（単位：％）

区分	事業所計	0人（該当なし）	該当あり	連続1か月以上休業又は退職した労働者数階級								不明
				1人	2人	3人	4人	5人	6~9人	10~20人	30人以上	
平成25年	100.0	89.9	10.0 (100.0)	(61.9)	(18.5)	(9.0)	(2.8)	(1.6)	(4.3)	(1.6)	(0.2)	0.1
（事業所規模）												
1,000人以上	100.0	10.2	88.4 (100.0)	(2.2)	(4.4)	(5.8)	(6.5)	(2.5)	(21.7)	(44.9)	(12.0)	1.4
500~999人	100.0	18.7	81.2 (100.0)	(17.4)	(15.8)	(16.2)	(9.8)	(6.9)	(19.1)	(13.5)	(1.3)	0.1
300~499人	100.0	35.0	64.6 (100.0)	(29.1)	(27.4)	(15.1)	(11.7)	(6.2)	(8.0)	(2.4)	(-)	0.5
100~299人	100.0	60.5	39.2 (100.0)	(51.6)	(24.6)	(10.2)	(6.0)	(4.2)	(2.8)	(0.5)	(-)	0.3
50~99人	100.0	84.3	15.3 (100.0)	(73.1)	(15.4)	(6.7)	(3.7)	(0.6)	(0.5)	(-)	(-)	0.4
30~49人	100.0	88.5	11.3 (100.0)	(64.7)	(24.0)	(5.6)	(1.5)	(0.7)	(0.8)	(2.6)	(0.3)	0.2
10~29人	100.0	94.1	5.9 (100.0)	(70.6)	(14.1)	(9.6)	(-)	(0.2)	(5.5)	(-)	(-)	0.0
（産業）												
農業，林業（林業に限る。）	100.0	94.8	4.3 (100.0)	(90.7)	(5.2)	(4.1)	(-)	(-)	(-)	(-)	(-)	0.9
鉱業，採石業，砂利採取業	100.0	96.3	2.3 (100.0)	(63.6)	(7.3)	(7.3)	(-)	(-)	(21.8)	(-)	(-)	1.4
建設業	100.0	93.1	6.9 (100.0)	(73.0)	(9.1)	(13.0)	(2.4)	(0.7)	(0.7)	(1.1)	(-)	-
製造業	100.0	88.4	11.5 (100.0)	(56.1)	(23.3)	(7.5)	(4.0)	(1.9)	(3.7)	(3.2)	(0.3)	0.1
電気・ガス・熱供給・水道業	100.0	71.6	26.2 (100.0)	(61.1)	(15.8)	(6.7)	(4.0)	(3.8)	(5.9)	(2.1)	(0.6)	2.3
情報通信業	100.0	71.5	28.5 (100.0)	(59.8)	(9.4)	(6.4)	(5.8)	(7.6)	(6.6)	(3.1)	(1.3)	-
運輸業，郵便業	100.0	90.8	8.9 (100.0)	(47.5)	(38.2)	(10.2)	(1.8)	(1.2)	(0.6)	(0.4)	(0.1)	0.3
卸売業，小売業	100.0	90.1	9.8 (100.0)	(59.8)	(20.0)	(16.3)	(2.5)	(0.5)	(0.5)	(0.4)	(0.1)	0.1
金融業，保険業	100.0	83.4	16.6 (100.0)	(71.6)	(16.2)	(4.2)	(2.2)	(0.6)	(1.3)	(0.9)		0.0
不動産業，物品賃貸業	100.0	89.0	11.0 (100.0)	(76.0)	(14.2)	(4.3)	(1.1)	(2.3)	(-)	(-)	(-)	-
学術研究，専門・技術サービス業	100.0	84.2	15.7 (100.0)	(73.7)	(13.9)	(4.0)	(4.0)	(1.1)	(1.5)	(1.6)	(0.2)	0.2
宿泊業，飲食サービス業	100.0	95.6	4.2 (100.0)	(56.9)	(3.4)	(1.0)	(0.7)	(0.1)	(29.5)	(8.4)	(-)	0.2
生活関連サービス業，娯楽業	100.0	95.7	4.3 (100.0)	(65.9)	(16.6)	(17.0)	(-)	(0.2)	(0.3)	(-)	(-)	-
教育，学習支援業	100.0	91.2	8.7 (100.0)	(80.5)	(6.9)	(5.2)	(2.0)	(0.7)	(2.0)	(2.4)	(0.2)	0.0
医療，福祉	100.0	87.7	12.3 (100.0)	(62.5)	(20.9)	(5.3)	(2.2)	(0.4)	(7.9)	(0.7)	(0.2)	0.1
複合サービス事業	100.0	77.1	22.9 (100.0)	(56.4)	(13.9)	(8.7)	(9.1)	(3.7)	(8.1)	(0.1)	(-)	0.0
サービス業（他に分類されないもの）	100.0	90.2	9.6 (100.0)	(67.4)	(19.2)	(4.4)	(2.1)	(5.2)	(1.2)	(0.5)	(-)	0.2
平成24年	100.0	91.9	8.1 (100.0)	(69.7)	(16.0)	(6.0)	(2.5)	(1.1)	(2.1)	(2.3)	(0.3)	0.0
平成23年	100.0	90.7	9.0 (100.0)	(67.3)	(18.2)	(5.7)	(2.8)	(1.3)	(3.0)	(1.4)	(0.4)	0.2

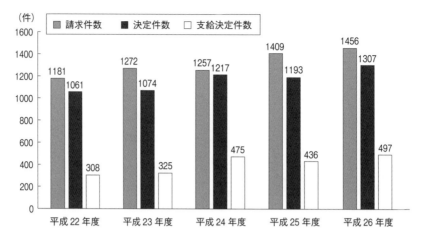

注）決定件数は，当該年度内に業務上又は業務外の決定を行った件数で，当該年度以前に請求があったものを含む。
支給決定件数は，決定件数のうち「業務上」と認定した件数である。

図 4-8　精神障害に係る労災請求・決定件数の推移（厚生労働省，2015）

(2) メンタルヘルスケアへの取り組み

　働く人々の健康と心の病気の予防の視点から，厚生労働省は「労働者の心の健康の保持増進のための指針」（メンタルヘルス指針，2006年3月策定）を定め，職場におけるメンタルヘルス対策を推進しています。

　メンタルヘルスケアは，「セルフケア」「ラインによるケア」「事業場内産業保健スタッフ等によるケア」および「事業場外資源によるケア」の「4つのケア」が継続的かつ計画的に行われることが重要とされています（表4-8）。

表 4-8　4つのケア

4つのケア	内　容
セルフケア	労働者自身がストレスに気づき，これに対処するための知識，方法を身につけ，それを実施することが重要である。ストレスに気づくためには，労働者がストレス要因に対するストレス反応や心の健康について理解するとともに，自らのストレスや心の健康状態について正しく認識できるようにする必要がある。
ラインによるケア	管理監督者は，部下である労働者の状況を日常的に把握しており，また，個々の職場における具体的なストレス要因を把握し，その改善を図る立場にあることから，職場環境等の把握と改善，労働者からの相談対応を行うことが必要である。
事業場内産業保健スタッフ等によるケア	事業場内産業保健スタッフ等[11]は，セルフケアおよびラインによるケアが効果的に実施されるよう，労働者および管理監督者に対する支援を行うとともに，心の健康づくり計画に基づく取り組みの実施に当たり，中心的な役割を果たす。
事業場外資源によるケア	事業者は，メンタルヘルスケアに関する専門的な知識，情報等が必要な場合は，適切な事業場外資源から必要な情報提供や助言を受けるなど連携を図るよう努めるものとする。また，必要に応じて労働者を速やかに事業場外の医療機関および地域保健機関に紹介するためのネットワークを日頃から形成しておくものとする。

---

[11] 事業場内産業保健スタッフには産業医，衛生管理者，保健師，カウンセラー等が該当します。

> **トピック**　「いつもと違う」部下の把握と対応
>
> 　ラインによるケアで大切なのは，管理監督者が「いつもと違う」部下に早く気づくことです。「いつもと違う」という感じをもつのは，部下がそれまでに示してきた行動様式からズレた行動をするからです。その例を次に示しました。
>
> 「いつもと違う」部下の様子
> ・遅刻，早退，欠勤が増える
> ・休みの連絡がない（無断欠勤がある）
> ・残業，休日出勤が不釣合いに増える
> ・仕事の能率が悪くなる。思考力・判断力が低下する
> ・業務の結果がなかなかでてこない
> ・報告や相談，職場での会話がなくなる（あるいはその逆）
> ・表情に活気がなく，動作にも元気がない（あるいはその逆）
> ・不自然な言動が目立つ
> ・ミスや事故が目立つ
> ・服装が乱れたり，衣服が不潔であったりする
>
> 　「いつもと違う」部下に対しては，管理監督者は職務上何らかの対応をする必要がありますが，病気の判断は管理監督者にはできません。これは，産業医もしくはそれにかわる医師の仕事です。管理監督者が「いつもと違う」と感じた部下の話を聴き，産業医のところへ行かせる，あるいは管理監督者自身が産業医のところに相談に行く仕組みを事業場の中に作っておくことが望まれます。事業場によっては，保健師，看護師，心理相談担当者，産業カウンセラーまたは臨床心理士が産業医との仲介役を果たす形をとることもありえます。このように，「いつもと違う」部下への気づきと対応は，心の健康問題の早期発見・早期対応として重要なことです。
>
> (厚生労働省・独立行政法人労働者健康福祉機構，2013 より引用)

(3) ストレスチェック制度

　2015年12月1日から「改正労働安全衛生法」が施行され，ストレスチェック制度が義務化されました。すなわち従業員50人以上の事業所は，常時雇っている従業員に対して年1回以上のストレスチェックの実施が義務づけられました。

　「ストレスチェック制度」とは，労働者に対して行う心理的な負担の程度を把握するための検査（ストレスチェック）や，検査結果に基づく医師による面接指導の実施などを事業者に義務付ける制度（従業員数50人未満の事業場は制度の施行後，当分の間努力義務）です。定期的に労働者のストレスの状況について検査を行い，本人にその結果を通知して自らのストレスへの気付きを促し，メンタルヘルス不調を未然に防止するとともに，検査結果を集団ごとに集計・分析し，職場におけるストレス要因を評価し，職場環境の改善につなげることで，ストレスの要因そのものも低減させることを目的としています。

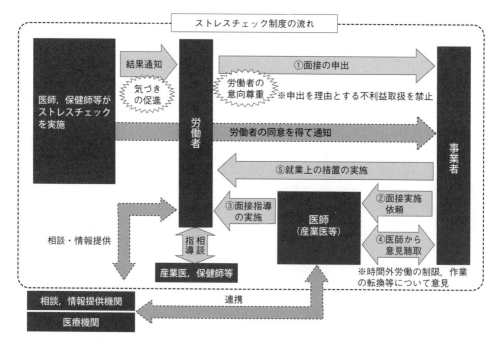

図4-9　ストレスチェック制度の流れ（厚生労働省，2014b）

（4）職場のストレスの原因・分類

　川上・原谷（1999）によると，職場のストレスの原因は表4-9のように①作業内容および方法によるもの，②職場の組織体制によるもの，③職場の物理化学的環境によるもの，の3つに分類されます。

　渡辺（1999）は職場のストレスを，組織や職場など社会的文脈に関係する「組織ストレス」と，仕事や職務の特徴と関連する「職業性ストレス」の2つに分類しています。表4-10に示したように，「ストレス反応」が心理的，行動的反応のレベルを超えると，医学的な症状となることとし，それらを「ストレス症状」と呼び，ストレス反応と区別しています。

表4-9　職業性ストレスの原因と分類

	仕事のストレスの原因となる諸要因
作業内容および方法	① 仕事の負荷が大きすぎる。あるいは少なすぎる。 ② 長時間労働である。あるいはなかなか休憩時間がとれない。 ③ 仕事上の役割や責任がはっきりしていない。 ④ 労働者の技術や技能が活用されていない。 ⑤ 繰り返しの多い単純作業ばかりである。 ⑥ 労働者に自由度や裁量権がほとんど与えられていない（仕事のコントロールが低い）。
職場組織	① 上司・同僚からの支援や相互の交流がない。 ② 職場の意思決定に参加する機会がない。 ③ 昇進や将来の技術や知識の獲得について情報がない。
職場の物理化学的環境	① 重金属や有機溶剤などへの暴露。 ② 換気，照明，騒音，温熱。 ③ 作業レイアウトや人間工学的環境。

表 4-10　職場のストレスの分類

	ストレッサー	ストレス反応	ストレス症状
組織・職場の社会的文脈と関連しているもの	・役割葛藤, 役割曖昧性 ・職場の人間関係 ・昇進, 降格, 転勤, 異動 ・勤務形態 ・家庭生活との葛藤　など	・職務不満 ・生産性低下 ・離転職行動 ・組織コミットメント低下　など	・神経症 ・うつ病 ・心身症 ・虚血性心疾患　など
従事している仕事・職務の特徴と関連しているもの	・過重な仕事 ・困難な仕事 ・ハイテク関連の仕事 ・物理的悪環境での作業　など	・作業性疲労 ・欠勤　など	

トピック　VDT（Video Display Terminal）ストレスとコンピュータ依存

　厚生労働省の「平成20年技術革新と労働に関する実態調査結果の概況」によると，仕事でのVDT作業[12]で，身体的な疲労や症状を感じている労働者の割合は68.6％となっており，そのうち，身体的疲労や症状の内容（複数回答）をみると，「目の疲れ・痛み」が90.8％と最も多く，次いで「首，肩のこり・痛み」74.8％，「腰の疲れ・痛み」26.9％などとなっています。

　これを，労働日1日当たりの平均VDT作業時間別にみると，身体的な疲労や症状を感じているとする労働者の割合は「4時間以上6時間未満」が81.7％，「6時間以上」が84.9％と8割を超えており，1日当たりの作業時間が長くなるほど，身体的な疲労や症状を感じている労働者の割合が高くなっています。

　これらのデータからもわかるように，現代社会では，コンピュータ化が進むことによって，職場のVDT（Video Display Terminal）によるストレス対策が喫緊の課題になっています。厚生労働省では，VDT作業者の心身の負担をより軽減し，作業者がVDT作業を支障なく行うことができるようにするため，新しい「VDT作業における労働衛生管理のためのガイドライン」を策定し[13]，職場における対策を提唱しています。

　その一方で，インターネットへの依存に悩む人々が増えています[14]（例えば，長田・上野，2005；鄭，2007）。インターネット依存とは，利用する時間が多すぎることを示すのではなく，利用しすぎることによって，何らかの問題が生じている状態を指します。

　アメリカの心理学者クレイグ・ブロード（Brod, 1984）は，今から20年以上も前に，「テクノストレス」という用語を用い，コンピュータ社会において共通に見られる社会病理現象を指摘しています。テクノストレスの特徴として，

①知的労働負荷の増大
②主導権が機器，人が機械につかわれているという感じをもつ
③欲求不満

---

[12] 「VDT作業」とは，VDT機器（Visual Display Terminals：パソコン，モバイルなど携帯用情報通信機器，監視用の大型表示パネル，店舗などで使用するハンディーターミナル，POS機器などディスプレイを有する情報機器）を使用して，データの入力・検索・照合等，文章・画像等の作成・編集・修正等，プログラミング，監視等を行う作業を言います。
[13] http://www.mhlw.go.jp/houdou/2002/04/h0405-4.html
[14] インターネット依存を測定する尺度として，長田・上野（2005）による「インターネット中毒テスト（Internet Addiction Test）」や，鄭（2007）による「日本の大学生のインターネット依存傾向尺度」などが開発されています。

④社会的孤立，同僚たちとの隔絶
⑤時間が圧縮，加速される感覚
⑥職場と家庭との心理，時間切り替えが困難

等が挙げられています。

また，ブロードはテクノストレスには「適応できないで不安を抱くテクノ不安症」と，「コンピュータにのめり込んでしまうテクノ依存症」の2種類があることを見出しました[15]。テクノ不安症は，コンピュータを扱うのが苦手な人が無理をして使ううちにストレスを感じ，体調を崩してしまう症状で，仕事の関係でどうしてもコンピュータを使わなければならなくなった人に多いとされる症状です。一方，テクノ依存症とは，コンピュータに没頭しすぎることで現れる失調症状で，コンピュータがないと不安に感じたり，人付き合いさえも煩わしいと感じたりするようになる症状のことで，コンピュータ愛好者に多いとされます。現在では「テクノ依存症」の方が問題となっています。

●テクノ依存症の特性は以下のとおりです。

- 仕事と遊びの区別がつかない
- 完全癖傾向がある（あいまいさを受け入れない）
- 理性で割り切れないと気がすまない
- 他者に無関心
- 感情や表情に乏しい
- 機器と人間を同一視する
- 自分はおかしいという認識（病識）に欠ける

問題点
- 自分の限界がわからなくなる
- 時間の感覚がなくなる
- 「邪魔されたくない」という気持ちが強くなる
- 人と接することが面倒になる
- 何ごとも白黒はっきりさせなければ気がすまない

- 心身の疲労
- 対人関係の問題……

●思い当たる節があったら要注意です。自己コントロールを心がけましょう。

- "けじめ"のある生活を心がける
- 体にも刺激を与える（軽い運動，ストレッチ）
- 人との交流を大切にする
- マナーを大切にする
- 定期的に休息する

15）1980年代の初頭，パソコンの普及時期には，ブロードが指摘したような，不安症・依存症の例が多く見られました。

6. 職場のストレス研究の歴史的背景

(1) 因果関係モデル

因果関係モデル（Causal Relationship Model）はストレッサーとストレス反応の因果関係に立脚したシンプルなモデルとして位置づけられます。代表的なものとして，クーパーとマーシャル（Cooper & Marshall, 1976）のモデルが挙げられます。

図4-10に示すように，仕事や職場における様々なストレス要因と個人的な特性が関係して様々なストレス反応が生じ，さらに心臓疾患やメンタルヘルス不全（精神的不健康）が引き起こされると想定されます。

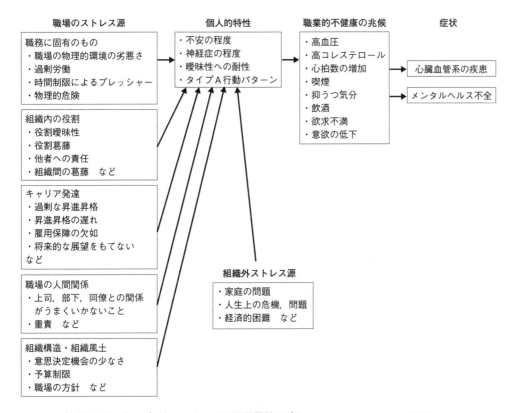

図4-10　クーパーとマーシャルの因果関係モデル（Cooper & Marshall, 1976 を要約）

(2) 調整要因モデル

調整要因モデル（Moderator Effects Model）は，因果関係モデルに「調整要因」が加わったモデルです。代表的なものとして米国国立職業安全保険研究所（NIOSH：National Institute for Occupational Safety and Health）のモデルがあります。

図4-11に示したように，このモデルでは職場のストレス要因とストレス反応の間に，ストレッサーの働きを緩衝する（和らげる）調整要因として個人的要因，職場外の要因，緩衝要因が想定されています。

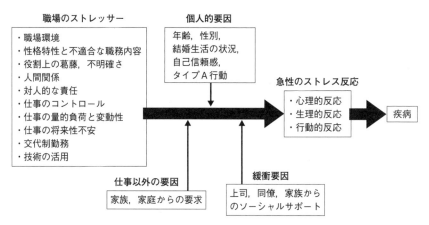

図4-11　NIOSHの調整要因モデル（Hurrell & McLaney, 1988を要約）

(3) 個人-環境適合モデル（P-Eフィットモデル）

　個人-環境適合モデル（Person-Environment Fit Theory）では，個人と環境の間には客観的な適合と主観的な適合があり，それらのズレ（不適合）が生じるときにストレス状態が引き起こされると考えます。

　図4-12に示したように，ストレス反応を引き起こす原因として，環境要因は，職務の要求（job demands）と，組織が提供する供給物（supplies）の2つが想定され，それぞれに対応する個人要因として，能力（abilities）と，動機（欲求）・目標（motives & goals）の2つが想定されます。

　個人と環境上の適合を考えるときに問題となるのは2つの関係，「個人の動機（欲求）・目標」と「環境からの供給」「個人の能力」と「環境からの要求」です。ストレス反応が引き起こされるのは，①環境からの供給が個人の動機（欲求）・目標を下回るとき，②個人の能力が環境からの要求を下回るときと考えられています。

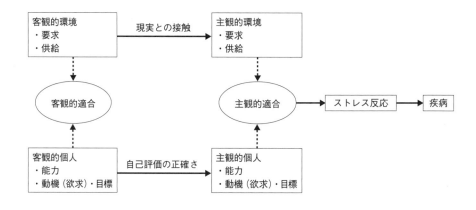

図4-12　個人-環境適合モデル（Harrison, 1978を要約）

(4) 仕事の要求-コントロールモデル

　仕事の要求-コントロールモデル（Job Demand-Control Model）は，仕事上の要求と職務上の裁量（コントロール）の範囲という2つの変数の水準の高・低の組み合わせによって，精神的・身体的健康およびモチベーションが決定されるというモデルです。

　提唱者のカラセク（Karasek, 1979）によると，仕事上の要求は，①仕事の量的負荷，②突発的な仕事，③職場の対人的な葛藤で構成され，特に仕事の量的負荷が中心的なストレッサーとなると考えられています。仕事の裁量（コントロール）とは「従業員が労働時間内における自分の仕事や行為に対して行使することができる統制」と定義され，①職務に関する決定の権限，②労働者が職務上で用いる技術の広さの2つの要素から構成されているとしています。

　図4-13に示したように，職場のストレス状況は仕事の要求と職務上の裁量（コントロール）の範囲の組み合わせで，4つのカテゴリーに分類されます。それぞれのカテゴリーの職務に従事する人は以下のような特徴を有すると想定されます。

　A　高緊張ジョブ：仕事で要求されるレベルが高いにもかかわらず，自分で仕事を調整したり，自分の能力を発揮できる範囲が狭いため，心理的な負荷が高く，攻撃的な行動やひきこもりになりやすい傾向がある。新しいことへの挑戦意欲を低下させることもある。気分の落ち込みや疲労感を感じやすい。

　B　能動的ジョブ：挑戦的な仕事で要求は多いが，自分の裁量も広いので，自分の能力やスキルを活かすことができ，心理的な疲労感は少ない。仕事上の様々な要求に対処することで学習が促進され，高い職務満足やストレスの緩和が促される。

　C　低緊張ジョブ：自分のペースで仕事をすることができるので心理的な疲労は最も少なく，仕事への不満も低い。一方で新しい取り組みや変化への意欲は低い。

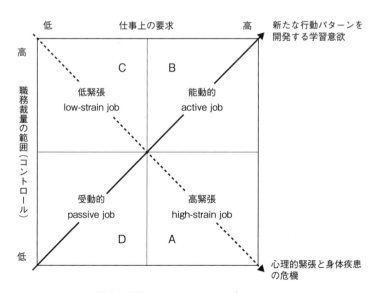

図4-13　仕事の要求－コントロールモデル（Karasek, 1990）

D　受動的ジョブ：仕事の要求も裁量権も低く，仕事をやらされているという感覚が強い。自分の能力やスキルが十分に発揮できないため，能力が低下する可能性があり，それが意欲の低下につながる。

　仕事の要求−コントロールモデルをきっかけとして，職務裁量権の大きな仕事が望ましいという考え方が浸透しました。
　現在に至っては，グローバル化やIT化により市場環境変化が激しくなり，これらに迅速に対応するために，職務裁量の大きい複雑な仕事が増加しています。このような環境下では，裁量度が限定された方が精神的健康が維持されやすいことも指摘されています（金光ら，2005）。職務裁量権についてはプラスの側面のみならず，マイナスの側面についても考慮することが必要です。

(5) 努力−報酬不均衡モデル

　努力−報酬不均衡モデル（Effort-Reward Imbalance Theory）は，職業生活における「努力」と「報酬」の2つの軸を基に職場の慢性的なストレス状況を把握しようとするモデルです。
　提唱者のシーグリスト（Siegrist, 1996）は，報酬を①経済的報酬（金銭），②心理的報酬（尊重），③キャリア（仕事の安定や昇進）の3要素で捉え，努力を，①外在的な仕事の要求度や負担と，②内在的なオーバーコミットメント（仕事や会社への過度な思い入れ）の2要素からなると考えました。
　仕事に費やす努力と，その結果として得られるべき報酬がつり合わない「高努力／低報酬状態」が労働者に情緒的な緊張（不満や怒り）や身体的症状を引き起こすと想定されます。
　先の仕事の要求−コントロールモデルでは，客観的な仕事の特徴に焦点を当て，要求と裁量の範囲（コントロール）の組み合わせを問題としているのに対し，努力−報酬不均衡モデルでは，個人の努力への主観的な評価に焦点を当て，努力と報酬の差に着目している点が特徴的です。

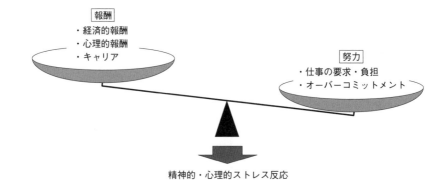

図4-14　努力−報酬不均衡モデルの概要

努力−報酬不均衡モデルは，日本人労働者の身体的・精神的健康を予測することも検討されており，実務への適応も行われています（労働安全衛生総合研究事業，2008）。

トピック　職場のストレス・セルフチェックとセルフケア

　個人が利用できるストレスチェック票や職場のメンタルヘルス対策についての情報が掲載されていて、目的別に検索しやすいインターネットサイトを紹介します。

◉働く人のメンタルヘルス・ポータルサイト『こころの耳』
　〈http://kokoro.mhlw.go.jp/〉
　平成27年度の厚生労働省委託事業として一般社団法人日本産業カウンセラー協会が受託して開設されました。サイトの目的は、職場のメンタルヘルス対策（自殺予防対策を含む。）及び過重労働対策について、事業者、労働者、家族等への的確な情報提供の基盤を整備することです。
　労働者や管理監督者向けのeラーニングや職場復帰支援の取組事例等、職場のメンタルヘルスに関する様々な情報を提供しています。

◉みんなで考えよう！職場のパワーハラスメント「あかるい職場応援団」
　〈http://www.no-pawahara.mhlw.go.jp/check/sheet3〉
　職場のパワーハラスメント問題の予防・解決に向け厚生労働省委託事業として、平成24年10月1日に開設されました。「パワハラ　ストレス　チェックリスト」をはじめ職場のパワーハラスメント対策に関する様々な情報を提供しています。

トピック　職場環境改善のためのアクションチェックリスト[16]

　職場の従業員の参加のもとに、従業員のストレスを減らし、心の健康を増進するための職場環境等の改善方法を提案するために開発されたツールを紹介します。
　職場環境改善のためのアクションチェックリストは、平成14-16年度厚生労働科学研究労働安全衛生総合研究費「職場環境などの改善方法とその支援方策に関する研究」の一環として開発されました。
　職場のメンタルヘルスやストレス対策のための改善事例を日本全国から集め、全部で6つの領域、30項目に分類し、チェックリストとしてまとめられたものです。職場で取り上げる改善策を選択形式で選ぶチェック方法となっています。職場で一緒に働く従業員同士によるグループ討議などで利用することが効果的だとされます。
　チェックリストの活用ポイントとして次の3点が挙げられています。

　①改善のためのよいアイデアや方法を見つけることを目的とする改善・解決志向型のチェックリストです。
　②職場環境等を抜け落ちなく点検することが目的ではありません。重要なポイントを中心に、できることから改善をはじめることを支援することを目的としています。
　③関連の大きい項目だけを抜き出したり、順番を変えたりして、その職場ごとに使いやすいものにしてかまいません。

---

[16] 平成16年度（2004年度）厚生労働科学研究費補助金労働安全衛生総合研究事業「職場環境等の改善等によるメンタルヘルス対策に関する研究」

表 4-11 職場環境等の改善のためのアクションチェックリストの領域と項目

領域		アクション項目
A 作業計画への参加と情報の共有	1	(作業の日程作成に参加する手順を定める)
	2	(少人数単位の裁量範囲を増やす)
	3	(個人あたりの過大な作業量があれば見直す)
	4	(各自の分担作業を達成感あるものにする)
	5	(必要な情報が全員に正しく伝わるようにする)
B 勤務時間と作業編成	6	(労働時間の目標値を定め残業の恒常化をなくす)
	7	(繁忙期やピーク時の作業方法を改善する)
	8	(休日・休暇が十分取れるようにする)
	9	(勤務時間制,交代制を改善する)
	10	(個人の生活条件に合わせて勤務調整ができるようにする)
C 円滑な作業手順	11	(物品と資材の取り扱い方法を改善する)
	12	(個人ごとの作業場所を仕事しやすくする)
	13	(作業の指示や表示内容をわかりやすくする)
	14	(反復・過密・単調作業を改善する)
	15	(作業ミス防止策を多面に講じる)
D 作業場環境	16	(温熱環境や音環境,視環境を快適化する)
	17	(有害環境源を隔離する)
	18	(職場の受動喫煙を防止する)
	19	(衛生設備と休養設備を改善する)
	20	(緊急時対応の手順を改善する)
E 職場内の相互支援	21	(上司に相談しやすい環境を整備する)
	22	(同僚で相談でき,コミュニケーションがとりやすい環境を整備する)
	23	(チームワークづくりを進める)
	24	(仕事に対する適切な評価を受け取ることができる)
	25	(職場間の相互支援を推進する)

トピック　こころと体のセルフケア

　わけもなくイライラしたり，こころがちょっと疲れたときは，思い切って「こころと体のセルフケア」にトライしてみましょう。

　厚生労働省で行われた「今後の精神保健医療福祉のあり方等に関する検討会」報告（2009年9月）で，こころの病気等についての若年者への普及啓発を進めるよう提言がなされたことから，2010年9月に若者を支えるメンタルヘルスサイト[17]が開設され，以後も改善・更新がなされています。

　"自分のできる範囲で自分の面倒を見る" ことを「セルフケア」といいます。セルフケアは，こころや体が疲れたとき，早めの対策が有効です。ここでは，当サイトで推奨している6つのセルフケアを紹介します（図4-15）。

6つのセルフケア（厚生労働省「若者を支えるメンタルヘルスサイト」より）

①体を動かす

　運動には，ネガティブな気分を発散させたり，こころと体をリラックスさせ，睡眠リズムを整える作用があります。とくに効果的なのは，体の中に空気をたくさん取り入れながら行う有酸素運動。軽いランニングやサイクリング，ダンスなどがそれです。それでもハードルが高いなと思ったら，近所を散歩したり，緑の多い公園などで，ちょっとアクティブにすごしたりするだけでも効果があります。1日20分を目安に，体がぽかぽかして，汗ばむくらい続けてみましょう。頑張りすぎると，かえって疲れてしまうので，「ああ，スッキリした！」と思えるくらいの軽さを目標に。1日にたくさんやるより，継続することが大切です。

②今の気持ちを書いてみる

　もやもやした気持ちを抱えて苦しいときは，それを「紙」に書いてみましょう。自分なりの言葉で書くことがいちばんですが，文章を書くのが苦手なら，イラストやマンガ，あるいは意味のない「落書き」や「書きなぐり」でも。要は頭の中で考えるだけでなく，実際に「手を動かす」ことが大切です。

　書くことの効果はおもに2つ。1つは今抱えている悩みと距離をとって，客観的に見られるようになること。その結果，あせりがやわらぐので，落ち着いて物事を考えることができるようになります。もう1つは，それまで思いつかなかった選択肢に，自分で気づけるようになること。これは，書いた文章を読み直すことで得られる効果です。

　ノートに手書きするのが面倒なら，携帯やパソコンを使ってもかまいません。人に見せないことを前提に，自分の気持ちをありのままに書いていきましょう。

③腹式呼吸をくりかえす

　不安や緊張が強くなると，運動をしているわけでもないのに，「ハアハア」と息が上がってくることがあります。呼吸も浅く，速くなり，汗が出てきて心臓もドキドキ。つらいと思いますが，こんなときこそ意識して「深い呼吸」を心がけてみてください。

　やり方は簡単。椅子に腰掛けている場合は，背筋を伸ばし軽く目を閉じ，おなかに手を

---

[17] 厚生労働省　若者を支えるメンタルヘルスサイト〈http://www.mhlw.go.jp/kokoro/youth/index.html〉

当てます。立っている場合も、リラックスしておなかに手を当ててみましょう。

呼吸の基本は「ちゃんと吐く」ことから。まずは「いーち、にー、さーん」と頭の中で数えながら、ゆっくりと口から息を吐き出します。息を吐き出せたら、同じように3秒数えながら、今度は鼻から息を吸い込みます。これを5〜10分くらいくりかえします。

息を吐くときにおなかがぺったんこに、息を入れたらおなかが膨らむ……。そう意識して呼吸すると、より深い呼吸ができるようになります。そう、これが「腹式呼吸」と呼ばれるものです。

④「なりたい自分」に目を向ける

問題を抱えていると、その原因探しにやっきになることや、自分の弱さや欠点ばかりに目が行きがち。でも、実際のあなたは、その問題以外のことでは、けっこううまくやれていることがたくさんあるのではありませんか？

その「できていること」のほうに目を向けて、自分の力をもう一度信じましょう。そして、「こんなふうになるといいな」と、今あなたが思っている理想を思い浮かべてください。それが実現したとき、自分がどんなふうになっていて、周りの人たちはどんなふうに変わっていますか？　具体的なイメージが浮かんだら、その第一歩になる、小さいけれども重要と思える目標を立てて、実行します。例えば、「人前で堂々と発表できる自分」になりたいなら、まずは「友達の目を見てあいさつすること」や「10分だけでも早く起きて気分に余裕をもつこと」が最初の目標になるかもしれません。実行しやすくて無理なくできそうなことから始めるのがポイントです。最初の目標をクリアできたら、自分をほめてあげましょう。こうやって、1つずつクリアしていけば、自分の力で自信を取り戻していくことができます。

⑤音楽を聞いたり、歌を歌う

「音楽」は、ごく自然に、人のこころと体を癒してくれます。アップテンポの音楽は、エネルギーや活力を与え、優しくスローな曲は不安や緊張をやわらげます。思い出の詰まった曲を聞くと、思わず泣いてしまうことがあるように、言葉にできない感情を表現するきっかけを、音楽がつくってくれることもあります。そのときどきの気分にあった曲を選んで、音楽にひたりましょう。ゲームやパソコンをやりながら、本を読みながらという片手間ではなく、ただ音楽を聞くことに集中するのです。歌うのが得意な人は「聞く」だけでなく、カラオケボックスなどに行って、思い切り発散してみては？　歌っている間は自然と呼吸が深くなるので、不安やイライラもどこかに消えてしまうかも。何曲か歌えば、きっとサッパリするはずです。

⑥失敗したら笑ってみる

「笑い」はこころを軽やかにして、つらい日々を乗りこえる力をつけてくれます。どんなにシリアスに見える出来事でも、見方を変えると、笑える側面があるもの。それに気づくと、物事がグッと楽になるのです。もし失敗してしまったら、自分を責めたり恥じたりするのではなく、いっそのことそれを潔く認めて、「やっちゃった自分」を笑い飛ばしてしまいましょう。「そんなお気楽でいいの？」とか、「絶対ムリ」と思うかもしれませんが、これもユーモアのセンスを磨く、1つの練習だと思ってみませんか。決して悪ふざけなどとはイコールではありません。繰り返しやっていくと、バランスのよい物の見方と、広い視野がだんだんと身についてくるのです。そして何よりも「笑い」は周りの人とリラックスした関係を築くうえで、とても役に立ちます。

いずれも，手軽にできる内容です。色々試してみて，自分にあった「セルフケア」の方法を見つけましょう。

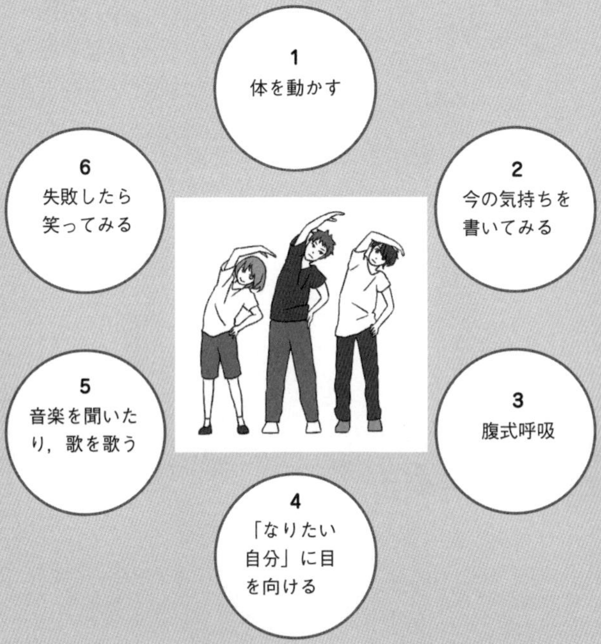

1 体を動かす
2 今の気持ちを書いてみる
3 腹式呼吸
4 「なりたい自分」に目を向ける
5 音楽を聞いたり，歌を歌う
6 失敗したら笑ってみる

図4-15 手軽にできる！ 6つのセルフケア

5 キャリアとキャリア・デザイン

　キャリアとは仕事を中心とした人生全体を意味します。それは，過去・現在・未来と連なっていくものであり，一人ひとりが生涯を通じて，実践していくものです。青年期のキャリアの主となるテーマは，自らの職業の適性，潜在能力，希望や動機を確認し，職業とのすり合わせを行って選択すること，すなわち就職することが重要な課題となっています（成人期は，環境や変化への対応，老年期は，蓄積してきたキャリアをどう生かすかが重点的なテーマになります）。

　しかしながら，就職はキャリアのゴールではありません。社会人になってから，定年を迎えるまではおよそ40年間あります。社会人としてさらに成長，発達を遂げながら職場，家庭，地域社会，その他プライベートな場面などで，様々な役割を果たしながらキャリアを形成していくことになります。

　本章では，キャリア論を通して，人は職業生活を中心とした人生の流れの中で，組織や社会と関わりながらどのように成長，発達していくのかを学びます。

　また，実践として，「不確実性の高い社会経済環境のもとで変化に対応し，自分のキャリアを形成していく」考え方や方法について紹介します。

　学習の到達目標は，これから自分はどのように働いていきたいのか，どのような人生を歩みたいのかを自分自身に問いながら，現時点でのキャリア・デザインを試みることです。今の自分の課題を明確化し，目的をもった毎日を過ごすことを望みます。

1. キャリアとは

(1) キャリア[1]の定義

　キャリア（career）は日常用語では職業や進路を示す言葉として用いられていますが，様々な意味を含み定義も様々です。

●国語辞典（広辞苑）

　①（職業・生涯の）経歴，②専門的技能を要する職業に就いていること，③国家公務員試験Ⅰ種（上級甲）合格者で，本庁に採用されているものの俗称。

---

[1]「キャリア」の語源：「キャリア」（career）は中世ラテン語の「車道」を起源とし，英語で，競馬場や競技場におけるコースやそのトラック（行路，足跡）を意味するものであった。そこから，人がたどる行路やその足跡，経歴，遍歴なども意味するようになり，この他，特別な訓練を要する職業や生涯の仕事，職業上の出世や成功をも表すようになった（厚生労働省，2002）。

●行政の定義

①**文部科学省(2004)**:「キャリアとは，個々人が生涯にわたって遂行する様々な立場や役割の連鎖及びその過程における自己と働くこととの関係付けや価値付けの累積」と定義し，次のように説明しています。

> キャリアとは，一般に生涯にわたる経歴，専門的技能を要する職業についていることなどのほか，解釈，意味付けは多様であるが，その中にも共通する概念と意味がある。それは，「キャリア」が，「個人」と「働くこと」との関係のうえに成立する概念であり，個人から切り離して考えられないということである。また，「働くこと」については，職業生活以外にも家事や学校での係活動，あるいは，ボランティア活動などの多様な活動があることなどから，個人がその学校生活，職業生活，家庭生活，市民生活等のすべての生活の中で経験する様々な立場や役割を遂行する活動として幅広く捉える必要がある。

②**厚生労働省(2002)**:次のようにキャリアおよびキャリア形成の意味を説明しています。

> 「キャリア」とは，一般に「経歴」「経験」「発展」さらには，「関連した職務の連鎖」等と表現され，時間的持続性ないし継続性を持った概念として捉えられる。「職業能力」との関連で考えると，「職業能力」は「キャリア」を積んだ結果として蓄積されたものであるのに対し，「キャリア」は職業経験を通して，「職業能力」を蓄積していく過程の概念であるとも言える。
>
> 「キャリア形成」とは，このような「キャリア」の概念を前提として，個人が職業能力をつくり上げていくこと，すなわち，「関連した職務経験の連鎖を通して職業能力を形成していくこと」と捉えることが適当と考えられる。
>
> また，こうした「キャリア形成」のプロセスを，個人の側からみると，動機，価値観，能力を自ら問いながら，職業を通して自己実現を図っていくプロセスとして考えられる。

●研究者の定義

代表的な定義は以下のとおりです。

> キャリアとは，個人の生涯を通じて，仕事に関わる諸経験や諸活動に関連した態度や行動の，個人に知覚された連鎖……(Hall, 1976)。

> キャリアとは，成人になってフルタイムで働き始めて以降，生活ないし人生(life)全体を基盤にして繰り広げられる長期的な(通常は何十年にも及ぶ)仕事生活における具体的な職務・職種・職能での諸経験の連続と(大きな)節目での選択が生み出していく回顧的意味づけ(とりわけ，一見すると連続性が低い経験と経験の間の意味づけや統合)と将来構想・展望のパターン……(金井，2002)。

木村（2005）はキャリアという概念がもつ基本的特徴を次のように説明しています。

①何らかの意味で上昇的な要素を含む仕事（職業的）移動である。
②個人の生涯にわたって継続するものである。
③その中心となるものは個人にふさわしい人間的成長や自己実現である。

その他に，坂柳（2007）はキャリアの概念の基本的特徴を次のようにまとめています。

①連続的な過程（process）であること。キャリアとは，個人の生涯にわたる連続的な過程であり，それには，過去から現在に至る「経歴（形成してきたキャリア）」と現在から未来にかけての「進路（形成していくキャリア）」とが内包されている。したがって，キャリアとは，単に過ぎ去った経歴（経験の積み重ね，職業経験）という意味だけでなく，現在から未来へ向かっての「進路」という意味も含まれる。これから先の人生（職業生活・家庭生活・余暇生活）をどのように築き，充実させていくかという，将来を志向した概念でもある。

②空間的な広がりをもつこと。キャリアとは，人生上の諸役割の組み合わせであり，職業（職業的役割の連鎖・パターン）の枠に制限されない，幅広い内容を含んでいる。キャリアは職業的側面だけでなく，非職業的側面＝私生活を含めた人生全体を意味するものになっている。キャリアの空間的広がりは，職業生活の面だけでなく，家庭や余暇などの私生活の面にわたっている。職業生活のあり方は，私生活のあり方とも相互に作用しているので，分離して考えることはできないものである。

③個性的な生き方（life-style）を志向していること。キャリアとは，自己実現を目指した個性的な生き方（ライフスタイル）に焦点がおかれている。人は，誰しも非可逆的で有限の生涯を悔いなく送りたいと望んでいるものである。個人のキャリアは，代理不可能なものであり，個人の意思と責任によって，主体的に創造・形成していくものである。

（2）主観的キャリアと客観的キャリア

キャリアを考える軸は2つあります。1つは「主観的キャリア」であり，個人が自分のキャリアに対してどのように意味づけをしたり，価値，成功，満足を見出しているかという軸です。個人の内面の意識に焦点を当てたものです。

もう1つは「客観的キャリア」であり，経済的な豊かさや社会的地位など外からの評価や判断による軸です。キャリアを考えるときには両方の視点で総合的に考えることが重要です。

ホール（Hall, 2002）はキャリアの成功について，図5-1の，主観的成功と客観的成功のモデ

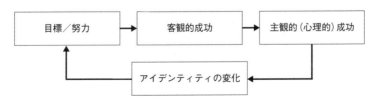

図5-1　客観的成功と主観的成功に関する理論モデル（Hall, 2002　出典：下村，2009）

ルを提示しました。このモデルでは客観的な成功（収入，地位，評判，威信など）が主観的な成功（価値観，満足感，充実感，幸福感）の前提となると考えられています。

「いい人生だった！」と思えるキャリアの歩み　ワーク

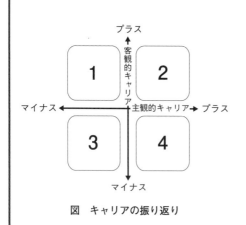

図　キャリアの振り返り

　ある人が自分のキャリアを振り返ったとき，あるいは人生の幕を閉じるとき，「いい人生だった」と思えるのは，どのようなキャリアを歩んだ人なのでしょうか？　客観的キャリア（収入，地位，評判，威信，職務経歴など）と主観的キャリア（価値観，満足感，充実感，幸福感）の2軸から，キャリアの満足をイメージしてみましょう。図に示したように，1〜4のそれぞれの象限について当てはめて（客観的キャリアと主観的キャリアがプラスまたはマイナスのパターンについて），具体的なエピソードを，自由な発想で考えて，話し合ってみましょう。

キャリア・パターン	具体例	キャリア満足 ◎：非常に満足 ○：満足 △：後悔がある ×：不満足
1：客観的キャリア（＋） ／主観的キャリア（－）		
2：客観的キャリア（＋） ／主観的キャリア（＋）		
3：客観的キャリア（－） ／主観的キャリア（－）		
4：客観的キャリア（－） ／主観的キャリア（＋）		

（例）

キャリア・パターン	具体例	キャリア満足
1：客観的キャリア（＋） ／主観的キャリア（－）	大企業で出世し富を得たが，家族はバラバラで友人もなく孤独で後悔している。	△

【記入日：　　　年　　月　　日】

2. キャリア発達の理論

(1) スーパー (Super, D. E.) の理論

スーパー (Super, 1980) は，キャリアを，様々な人生の役割の組み合わせとして捉え「ライフキャリアレインボー」を提唱しました。職業的発達段階と発達課題[2]を提示し，人が自分らしさを発揮してキャリアを発達させていくには，年齢ごとにどのような課題に取り組めばよいのか，人生上の役割を果たしていけばよいのかを説明しています。

●ライフキャリアレインボー

図 5-2 には，人生を虹にたとえたモデルで，役割と時間の 2 次元からキャリア発達を捉えたモデルです。

人生全体の役割として，子ども・学生（学ぶことに従事する人）・余暇人（余暇を過ごす人）・市民・労働者・家庭人（配偶者・親）・その他（年金生活者，病にある人，宗教人など）の 7 つの役割が挙げられています。これらの役割を個々人がいつ，どのように果たしていくのかは社会環境に影響されますが，自分の役割とどのように関わっていくのかを決定するのは個人によるとされます。

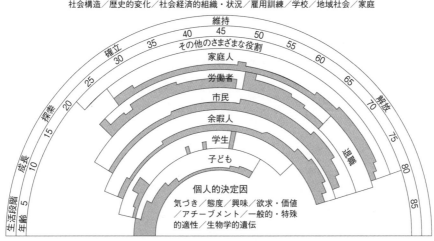

図 5-2 ライフキャリアレインボー (Nevill & Super, 1986 を一部改訂)

●職業的発達段階と発達課題

スーパーによると，キャリア発達は自己概念[3]（個人の能力・興味・価値）の変化として説明されます。スーパーの発達段階は，成長・探索・確立・維持・解放の 5 段階で構成され，それぞれの発達段階に応じた課題が設定されています。

---

2) 発達課題 (developmental task) とは，人間が健全で幸福な発達を遂げるために各発達段階で達成しておくことが望ましいとされる課題のことです。
3)「自分はどういう存在なのか」「自分は何者か」など，自分が自分に対してもっているイメージ，自己像のことです。

表 5-1 職業的発達段階 (厚生労働省, 2002 を改変)

発達段階	職業的発達課題
A 成長段階 　児童期・青年前期 (-14歳)	自分がどういう人間であるかということを知る。 職業世界についての積極的な態度を養い、働くことの意味についての理解を深める。
B 探索段階 　1) 試みの段階 　　青年前期・青年中期 (15-17歳) 　2) 移行の時期 　　青年後期・成人前期 (18-21歳) 　3) 実践試行の時期 　　成人前期 (22-24歳)	職業についての希望をかたちづくっていく。 (自分に適切だと思う職業について大まかな予想を立てていく) 職業についての希望を明らかにしていく。 (大まかな予想から、職業の選択を行う) 職業についての希望を実践していく。
C 確立段階 　1) 実践試行の時期 　　成人前期から30歳ごろまで 　2) 昇進の時期 　　30歳代から40歳代中期	職業への方向づけを確定し、その職業に就く。 確立と昇進。
D 維持段階 　40歳代中期から退職まで	達成した地位やその有利性を保持する。
E 解放段階 　65歳以上	諸活動の減退と退職。

(2) シャイン (Schein, E. H.) の理論

　シャイン (Schein, 1978) は、個人と組織双方の利益と有益な関係性を重視する立場から、組織内での個人の発達や個と組織が調和するプロセスを検討しました。働く個人を、仕事以外の、その人が生きている領域全体の状況から捉え、個人を分析するためのモデルを構築しました。また、「キャリア・アンカー」の概念を生み出し、現在のキャリア・デザインや人材開発の実践にも影響を与えています。

◉個人と組織の調和過程

　シャインは組織の人間資源としての個人と、組織の調和的相互作用を実現するために図5-3の基本モデルを提示しました。図の中央には、理想としては個人と組織がどちらにも有益な関係となるように、結合される調和過程が描かれています。このモデルでは、調和過程が最適に機能すれば、組織にとっては、生産性、創造性、長期の有効性が向上し、個人にとっては、職務満足、保障、最適な個人的発達、仕事と家庭の最適な統合が得られると考えます。

◉組織内キャリア発達段階と課題

　シャインは組織内キャリア発達段階を9段階に分け、発達課題と心理・社会的危機を想定しています (表5-2)。

2. キャリア発達の理論

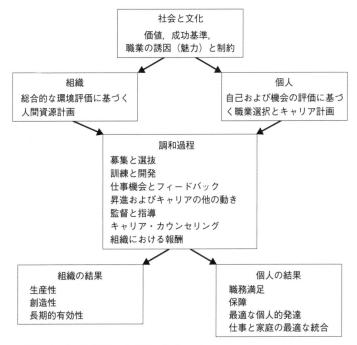

図 5-3　人間資源の計画と開発の全過程の基本モデル（Schein, 1978／邦訳 1991, p.3 をもとに作成）

表 5-2　組織内キャリア発達段階と課題①（Schein, 1978／邦訳 1991, pp.43-47 をもとに作成）

段階	直面する問題	特定の課題
1. 成長, 空想, 探究 (0-21歳) (役割：学生, 大志を抱く人, 求職者)	・職業選択のための基準を形成する ・職業について現実的に考える ・適切な教育ないし訓練を受ける ・仕事の世界に必要な基本的習慣・技術を形成する	1. 職業的興味を形成する 2. 自分自身の職業的能力を自覚する 3. 職業モデルを獲得する 4. テストやカウンセリングから最大限の情報を入手する 5. 職業と仕事の役割に関する信頼できる情報源を探し出す 6. 自分自身の価値・動機・抱負を明確化する 7. 堅実な教育決定を行う 8. キャリア選択をできるだけ広くしておけるようなよい学業成績を修める 9. スポーツ, 趣味, 学業活動を通して現実的に自己を理解する 10. 職業決定のための試行的職業体験をする（アルバイト・インターンシップ）
2. 仕事の世界へのエントリー (16-25歳) (役割：スカウトされた新人, 新入者)	・労働市場に入る, はじめての仕事に就く ・自己の欲求と組織からの要求との調整をする ・仕事のメンバーとして受け入れられる	1. 仕事の探し方, 応募法, 就職面接の受け方を学ぶ 2. 職務および組織に関する情報の評価法を学ぶ 3. 選抜・選別テストに合格する 4. はじめての仕事の現実的かつ妥当な選択を行う
3. 基本訓練 (16-25歳) (役割：被訓練者, 初心者)	・仕事, 職場の現実を知って受けるショックを克服する ・成果の出せる組織メンバーになる ・日常業務に対応する ・正規の貢献メンバーとして認められるようになる	1. 未経験ゆえの不安を克服し, 自信をもつようにする 2. 組織の文化や規範を受け入れる 3. 最初の上司または訓練者とうまくやっていくことを学ぶ 4. 同僚たちとうまくやっていくことを学ぶ 5. 組織的社会化, 職業生活に適応する 6. 服務規定を受け入れる

表 5-2　組織内キャリア発達段階と課題 ②

段階	直面する問題	特定の課題
4. キャリア初期の正社員資格 (17-30歳) (役割：新しいが正式のメンバー)	・責任を引き受け，最初の正式な任務に伴う義務を首尾よく果たす ・昇進あるいは他分野への横断的キャリア成長の土台を築くための能力を開発する ・独立を求める自己の欲求と，組織の制約・要求とを調和させる ・当該組織にとどまるか，有利な仕事に移るかを検討する	1. 職務遂行基準を形成する 2. 責任の一部を引き受ける 3. 部下としての身分を受け入れ，上司や同僚とうまくやっていく方法を学ぶ 4. 職務の範囲内で，主体性を回復し，十分な関わり合いを示す 5. 助言者，支援者をみつける 6. 自己の才能・価値および組織の機会・制約の点から現在の仕事を再評価する 7. 異動や転職の可能性について検討する 8. はじめての仕事での成功感あるいは失敗感に対処する
5. 正社員資格，キャリア中期 (25歳以降) (役割：正社員，在職権を得たメンバー，終身メンバー，監督者，管理者)	・専門を選び，それにどれだけ関わるようになるかを決める。あるいは管理職としての展望をもつ。 ・技術的に有能であり続け，自分の選択した専門分野（あるいは管理）において学び続ける ・組織の中で明確なアイデンティティを確立する ・自分自身の仕事の責任だけでなく，他者のそれも含むより高度の責任を引き受ける ・当該職業において生産的な人間になる ・長期キャリア計画を形成する	1. ある程度の独立を得る 2. 自分自身の業績基準を開発し，意思決定に自信をもつようにする 3. どれだけ専門化するかの決定基準として，自分の動機・才能・価値を慎重に判断する 4. 次段階での選択のために，組織および職業の機会を慎重に評価する 5. 助言者との関係を強化し，他者の助言者になる準備を行う 6. 家庭・自己・仕事へのそれぞれの関心を適切に調整する 7. 失敗や挫折に伴う感情に対処する
6. キャリア中期の危機 (35-45歳)	・自分の抱負に照らして自分の再評価を行い，現状維持か，転職するか，あるいは新しいより高度の手応えのある仕事に進むかを決める ・自己の夢・希望と現実の調整 ・自分の人生，仕事の意味を吟味する ・他者の助言者になりたいという，自分自身の欲求を満たす	1. 自分のキャリア・アンカー（才能，動機，価値）を自覚する 2. 自分の将来にとってのキャリア・アンカーの意味を現実的に評価する 3. 現在を受け入れるか，あるいは変革するかについて明確な選択を行う 4. 家族との関係を再構築する 5. 助言者（メンター）としての役割を受容する
7.A. 非指導者役にあるキャリア後期 (40歳から引退まで) (役割：重要メンバー，個人的貢献者あるいは経営メンバー，よい貢献者あるいは役立たず)	・助言者になる，他者を動かし，導き，彼らに対して責任を負うようになる ・経験に基づく技術および関心を広げる ・技術ないし職能のキャリアを追求しようと決めたなら，技術を深める ・全般管理者の役割を追求すると決めたなら，より広範な責任を引き受ける ・現状を維持し，キャリアないし仕事以外での成長を求めると決めたなら，自己の重要性，影響力の低下を受け入れる	1. どのようにして，技術的に有能であり続けるか，あるいは直接の技術的技能に代えて経験に基づく知恵を用いるようになるか 2. 対人関係技術や集団技術が必要な場合，どのように開発するか 3. 監督技術や管理技術が必要な場合，どのように開発するか 4. どのようにして，政治的環境において，効果的な意思決定をするようになるか 5. 若手管理者との競争性にどう対処するか 6. 中年の危機および家庭の空の巣問題にどう対処するか 7. 上級指導者役の準備をどのように行うか

表 5-2　組織内キャリア発達段階と課題 ③

段階	直面する問題	特定の課題
7.B. 指導者役にあるキャリア後期 (若くして指導者役に就く者もいようが、指導者役は依然、キャリア「後期」だと考えられるだろう) (役割：全般管理者、幹部、上級パートナー、社内企業家、上級スタッフ)	・組織の長期的繁栄に自分の技術と才能を役立てる ・他者の努力を統合し、広く影響を及ぼすようになる ・主要部下を選抜し育成する ・広い視野と長期的視点により社会における当該組織の役割の現実的評価を行っていく ・個人的貢献者あるいは社内企業家の役割にある場合は、アイディアの売り方を学ぶ	1. どのようにして、自己中心から、組織中心の見方になり、組織の繁栄により責任をもつようになるか 2. どうすれば、責任をもって組織の秘密と資源を取り扱えるか 3. 高度な政治的状況への対応力を学ぶ 4. 仕事と家族、特に配偶者の欲求との調整をする 5. 高度な責任と権力を享受する
8. 衰えおよび離脱 (40歳から引退まで；衰えの始まる年齢は人により異なる)	・権力、責任の減少を受け入れるようになる ・能力とモチベーションの減退に基づく新しい役割を受け入れるようになる ・仕事が主ではない生活を送れるようになる	1. 趣味、家庭、社会および地域の活動、パートタイムの仕事などに、新たな満足源をどのようにして見つけるか 2. 配偶者とより親密に暮らす方法を学ぶ 3. キャリア全体を評価し引退に備える
9. 引退	・ライフスタイル、役割、生活水準におけるより劇的な変化に適応する ・蓄積した自分の経験と知恵を様々な上級の役割にある他者のために使う	1. 常勤の仕事や組織での役割をもたずに、アイデンティティと自尊の意識をどのようにして保持するか 2. ある種の活動に、どのようにして自分の精力と能力の水準に至るまで専念し続けられるか 3. 自分の知恵と経験をどのように活かすか 4. 自分の過去のキャリアの達成感や満足感をどのようにして得るか

◉自己・仕事・家庭の相互作用から個人を分析するモデル

このモデルは、個人の仕事上の問題を分析したり、解決方法を考える場合には、3つの環境、「仕事」・「家庭」・「自己成長のための環境」でのその人の役割や関係性を考慮する必要があることを示しています。

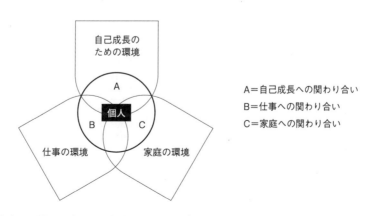

図 5-4　自己・仕事・家庭への関わり合いを分析するためのモデル（Schein, 1978／邦訳 1991, p.56 をもとに作成）

● キャリア・アンカー

　アンカーとは直訳すると「船の錨」で，船をつなぎとめるものです。キャリア・アンカーとは個人を長期的につなぎとめるもの，仕事生活の拠り所を意味します。この概念には次の4つの特徴があります。

　①能力・欲求・価値についての自己イメージである。
　②節目などのきっかけがないと，はっきりと自覚されない自己イメージである。
　③組織，仕事が変わっても「手放したくない」一人ひとりの根底にある一貫したテーマである。
　④アンカーの基礎になるものは働く以前からあるが，実際に働き始めてから10年ほど経てから明確に，確実なものとなって現れる。

　キャリア・アンカーが明確化していると，キャリア，職業についての判断基準をもつことができるので，よりスムーズにキャリア構築ができると考えられます。表5-3に示すようにキャリア・アンカーには次の8つのパターンがあります。

表5-3　8つのキャリア・アンカー

キャリア・アンカー	パターンの特徴
①専門・職能別コンピタンス	・ある特定の領域で能力を発揮し，専門家であることを自覚して満足感を覚える。 ・才能を活かせる仕事を好む。
②全般管理コンピタンス	・組織で責任のある地位につき，組織全体の方向性を決定し，自分の努力によって組織の成果を左右したいという願望をもつ。 ・重い責任のある仕事，皆をまとめるような統合的な仕事を好む。
③自律・独立	・どのような仕事に従事しているときでも，自分のやり方，自分のペース，自分の納得する仕事の基準を優先する。 ・きめ細かく管理されることには耐えられない。
④保障・安定	・安全で確実と考えられ，将来の出来事を予測することができ，しかもうまくいっていると知りつつゆったりとした気持ちで仕事ができることを望む。 ・外発的動機づけにこだわる。
⑤起業家的創造性	・新しい製品やサービスを開発したり，財務上の工夫で新しい組織をつくったり，新しい事業を起こしたりする欲求をもつ。 ・創造する強い欲求に駆り立てられており，常に新しい創造に挑戦し続けることを望んでいる。
⑥奉仕・社会貢献	・何らかのかたちで世の中を良くしたいという欲求に基づいてキャリアを選択する。 ・自分の属している組織や社会における政策に対して，自分の価値観に合う方向で影響を与えることが可能な仕事を望む。
⑦純粋な挑戦	・不可能と思えるような障害を克服すること，解決不可能と思われていた問題を解決すること，極めて手強い競争相手に勝つことに成功を感じる。 ・競争の機会がないところでは士気を低下させる。
⑧ライフスタイル	・個人のニーズ，家族のニーズ，キャリアのニーズをうまく統合した生活様式全体の調和を望む。 ・自分の時間の都合に合わせた働き方が選択できる条件を組織に求める。

自分のキャリア・アンカーの"基"を探る第一歩　ワーク

　キャリア・アンカーは実際に仕事をしてから次第に明らかになってくるものです。仕事の経験のない方は，アンカーの基となる自己イメージを「自分の言葉で」表現してみることが，キャリア・アンカーを探るスタートになります。
　シャインによるとキャリア・アンカーは次の3つの自己イメージで構成されています。

①自覚された才能と能力（自分が得意・強みだと思うこと），
②自覚された動機と欲求（自分がやってみたいと思うこと），
③自覚された態度と価値（自分がどのようなことに意味や価値を感じるか）

　次の①～③について，自分なりの考えやイメージとして浮かんできたことを自由に書き込んでみましょう。自己チェックして気がついたこと・感じたことを記入し，話し合ってみましょう。

①あなたの得意なこと・強み

②あなたがやってみたい仕事

③②の理由：それをやってみたいのは，なぜですか？

↓

自己イメージをチェックして気がついたこと・感じたこと

【記入日：　　　年　　　月　　　日】

(3) ブリッジス（Bridges, W.）のトランジション理論

トランジション（transition）とは，通常は移行，過渡期などと訳されますが，キャリアの分野では「転機」「節目」を示します。ブリッジス（Bridges, 1980）は，人生の様々な転機を，人はどのようにして乗り越えていくのか，という視点から図5-5のようなトランジション・モデルを構築しました。トランジションは「終焉：何かが終わる時期」「中立圏：混乱や苦悩の時期」「開始：新しい始まりの時期」の3つの段階で展開します。

ブリッジスによれば，すべてのトランジションは「終焉」（終わり）から始まるとされます。人生の転機は新しい何かの始まりとして捉えられることが多いのですが，転機における，「それ以前のこと」の「終わり」をしっかり受け止めることが大事であると考えられています。終焉の段階には4つの構成要素があります。

①離脱（それまで慣れ親しんできた場所や社会的秩序から引き離されること）
②アイデンティティの喪失
③幻滅（それまで自分を取り巻いていた世界がもうそれまでのようではないことに気づく）
④方向感覚の喪失（人生の方向性を見失い，どこにいるのかわからなくなる感覚にとらわれる）

終焉の次の段階は中立圏で，新しい始まりの前に一時的な喪失状態に耐えなければならない時期とされます。それまでとは違う意識変容や，空虚感を味わったりする場合もありますが，自己の内面世界に向き合い，次の段階を迎えるために必要なプロセスだと捉えられます。

終焉と中立の段階を過ぎると，開始の段階を迎えることができます。この段階は目立たず印象に残らないかたちで生じるとされます。内面的に，今後の生き方に向けての観念や印象やイメージの出現があり，それらの内的な再統合を果たし，新しい始まりに向かっていく段階と考えられています。

このモデルは人生全体のトランジションの研究から生み出されたものですが，職業的キャリアにおけるトランジション（就職・配置転換・転勤・昇進・転職など）にも適用することができると考えられています。

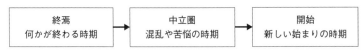

図5-5　ブリッジスのトランジション・モデル

私の人生のトランジション（参考：金井, 2002） 　ワーク

　これまでの人生のトランジション（転機・節目）を分析してみましょう。トランジションとは「何かが終わって，新たに何かが始まる」経験です（例えば，入園や入学，引っ越し，留学，就職，家族生活の変化，人間関係の喪失等）。あなたにとって，よいことや残念なこと，予想していたことや思いがけないことなど，様々な経験があることでしょう。

　①あなたにとって転機となった出来事を1つ思い出して記入してください。
　②どのようにして，新たな世界に移行し，馴染んでいきましたか？　気持ちの切り替え，乗り越えたこと，サポートしてくれた人のことなど具体的に思い出して書いてみましょう。
　③自己分析をして気がついたこと・感じたことを記入し，話し合ってみましょう。

①転機となった出来事	
「終わったこと」	「始まったこと」

②新しい世界への移行（気持ちの切り替え，乗り越えたこと，サポートしてくれた人のことなど）

③気がついたこと・感じたこと

【記入日：　　　年　　月　　日】

(4) ホランド（Holland, J. L.）の理論

　ホランド（Holland, 1985）は，個人のパーソナリティ・タイプと働く環境の適合（マッチング）が，より安定したキャリア発達をもたらすと考え，人と職業を適合させるためのモデルとして「六角形モデル」を提唱し，職業選択理論を構築しました。この理論の土台となっているのは，パーソナリティ・タイプは生得的な資質（生まれつき）と環境との相互作用によってつくられるという，発達的な視点です。

　ホランドの職業選択理論を基に，人と職業をマッチングさせるための，様々なツールの開発が行われるようになりました。代表的なものとして，就職指導やキャリア・デザインの現場で，幅広く活用されてる，VPI職業興味検査（Vocational Preference Inventory）[4]が挙げられます。

●六角形モデル

　六角形モデルの前提となるホランドの仮説は次のようにまとめられます。

　①パーソナリティは6類型「現実的・研究的・芸術的・社会的・企業的・慣習的」に分けることができる。
　②同様に生活環境も上記の6類型に分けることができる。
　③個人は，自分の役割や能力を発揮し，価値や態度を表現し，かつ自分にあった役割や課題を引き受けさせてくれる環境を探し求めている。
　④個人の行動は，その人のパーソナリティと環境の特徴との相互作用によって決定される。

　これらのことから，人は，自分のパーソナリティにあった職場を求める存在である，と想定されました。

　6つのパーソナリティと環境およびそれらの相互作用を説明するためのモデルが図5-6の六角形モデルです。このモデルでは，関連のあるタイプほど近くにある（距離が短くなる）とされます。

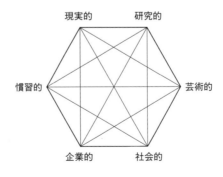

図5-6　ホランドの六角形モデル

---

[4] 160の具体的な職業に対する興味・関心の有無の回答から，6種の職業興味領域尺度と5種の傾向尺度（心理的傾向）に対する個人の特性を測定します。日本版は独立行政法人労働政策研究・研修機構によって作成されています（1985年に公表，2002年に第3版）。

6つのパーソナリティ・タイプ

6つのパーソナリティ・タイプは表5-4のように類型化されます。

表5-4　6つのパーソナリティ・タイプ

パーソナリティ・タイプ	特徴
現実的	物，道具，機械などを扱うこと，明確で秩序的，組織的な操作を伴う活動を好む。手先が器用であり，組立，修理に関わる職業を好み，手作業，機械作業，農作業，電気関係，技術関係の仕事に向くタイプ。
研究的	数学，物理，生物学などに興味・関心があり，事象の観察，言語的記述，定型的研究，創造的研究などの活動を好む。物事を分析し，自分の意見を明確にもち，表現する。科学や医学などの分野の職業を好む。
芸術的	創造的で慣習にとらわれず，繊細で感受性が強く，独創的で発想が豊かで自由である。創造的な才能を活かせる職業を好み，言語，音楽，美術，演劇などに関係する能力を有している。
社会的	社会的活動，対人関係を大切にし，友好的，人を教育する，援助する，伝えることなどに関係する活動を好む。コミュニケーション能力に優れている。教育関係の仕事，カウンセリング，看護，保育などの職業を好む。
企業的	リーダーシップをとって人を導くこと，組織目標の達成，経済的利益を目的とした活動を好む。外交的，精力的で目標に向けて野心的である。リーダーシップ，説得力など人と仕事をする場合に必要とされるスキルを伸ばす。人の管理，ものの販売，営業などに関係する職業を好む。
慣習的	データなどの情報を，具体的・秩序的・体系的にまとめ，整理する活動を好む。責任感があり，緻密。データ処理・管理，ファイリング，情報処理機器の操作などを行う仕事を好む。

パーソナリティ・タイプの発達

ホランドはパーソナリティの発達プロセスを図5-7のような段階として捉え，子どもの初期の活動が，その後の長期間の興味や能力に影響を与えるとしました。

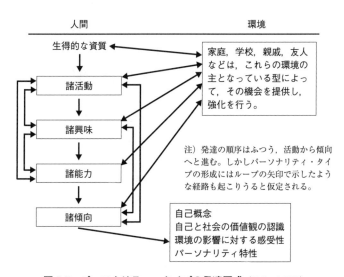

図5-7　パーソナリティ・タイプの発達図式 (Holland, 1985)

ホランドは、親や幼少期の環境によって個々の興味や能力が規定されることを示すと同時に、自己概念を形成するためには、これらの与えられた機会や経験の範囲を乗り超えて、自分なりの新たな機会、経験を獲得していくことが重要だと説明しています。

トピック　移りゆく季節をどう過ごしたいですか？

発達心理学者のレビンソン（Levinson, 1978／邦訳 1992）は人生を四季にたとえ、「人生は冬が来ればまた再生の春が来るというサイクルを成し、比較的安定した時期と、季節の間のような不安定な時期の繰り返しである」と説明しています。図 5-8 に示したように人生全体は大きく、児童期と青年期（0-22 歳）、成年前期（17-45 歳）、中年期（40-65 歳）、老年期（60 歳以降）の 4 段階に区分され、各段階の間には、不安定な過渡期があると想定されています。

大学生の時期は 17-22 歳の成人前期へ移行する過渡期にあたります。社会人になる準備期間であり、季節の変わり目のように不安定な時期です。この時期を乗り越えると成人前期を迎えます。成人前期は企業組織への所属や社会人としてのライフスタイルを構築するという、比較的安定した時期です。

しばらくするとまた不安定な時期を迎えます。今度は 30 歳の過渡期がやってきます……このように、安定した時期と揺れる時期を繰り返しながら人生は流れていくと考えられます。

レビンソンは次のように述べています（Levinson, 1978／邦訳 1992, p.25）。

> 人生は連続した一定不変の流れではない。質的に異なる季節から成り、それぞれの季節は独自の性格をもつ。ある季節はその前後の季節と共通点も多いが、全く別個の存在である。各季節のもたらすイメージは様々である。

あなたはこれからの人生の季節を、どのようなテーマで生きていきたいですか？

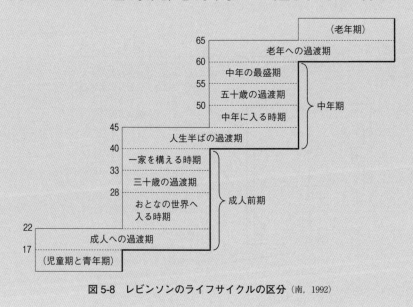

図 5-8　レビンソンのライフサイクルの区分（南, 1992）

> **トピック** 人は何のために働くのでしょうか：労働価値観尺度

江口・戸梶（2010）は，労働価値観を「個々人が職業生活の目的として重要であると考える要因」と定義し，「何のために働くのか」を測定する労働価値観測定尺度の開発を試みました。労働価値観を因子分析した結果，「社会的評価」「自己の成長」「社会への貢献」「同僚への貢献」「経済的報酬」「達成感」「所属組織への貢献」の7つの要因が抽出されました。表5-5は因子分析の結果を抜粋したものです。

江口・戸梶（2010）は労働価値観について振り返ってみることにより，自らの職業生活，ひいては，自らの人生について改めて考えるきっかけになるとしています。

この尺度には，「家族のために働く」という視点などは外されており，研究結果が労働価値観をすべて網羅しているわけではありません。「何のために働くのか」への答えは一人ひとり違い，自分自身で見出していくものです。自分自身が仕事に何を求めているのかを探り，理解することは，職業を選んでいくときの鍵になるでしょう。

（　）の中に，あなたはどのようなことばを入れますか？

☐ 私は（　　　　　　　　　　　　　　　　　）のために働く（働きたい）。

表5-5　労働価値観を因子分析した結果抽出された項目の抜粋

社会的評価
　多くの人に注目し，尊敬してもらうために働くこと
　自分の知識や技術について，他の人々からほめられるために働くこと
　高い地位と名声を得るために働くこと

自己の成長
　自分自身の成長のために働くこと
　自分の能力を開発するために働くこと
　人間として成長するために働くこと

社会への貢献
　社会のために働くこと
　社会の人々の役に立つ人間になるために働くこと
　世の中をもっとよくするために働くこと

同僚への貢献
　同僚の役に立つために働くこと
　同僚を援助するために働くこと
　同僚の役に立つ人間になるために働くこと

経済的報酬
　良い生活をするのに十分な賃金をかせぐために働くこと
　多くの収入を得るために働くこと
　人並みの生活ができるくらいの収入を得るために働くこと

達成感
　「精一杯働いた」という感じをもつために働くこと
　自分のもっている力を「すべて出しきった」と思うために働くこと
　仕事において何かをやり遂げたという感じをもつために働くこと

所属組織への貢献
　仕事を通して所属する組織へ貢献するために働くこと
　所属する組織に自分を捧げるために働くこと
　所属する組織のために力を尽くしていると実感するために働くこと

3. 社会経済環境の変化を前提としたキャリアの学説

(1) 環境変化に適応できる力「キャリア・アダプタビリティ」

　サビカス（2002）はスーパー（1990）のキャリア発達理論を，変化の激しい社会環境に適合するように発展させ，キャリア・アダプタビリティという概念を提唱しました。キャリア・アダプタビリティとは「変化できる資質，大きな困難なくして新しいあるいは変化した環境に適応できる資質」と定義されます。具体的には図5-9に示したように「キャリア関心（Career Concern）」「キャリアコントロール（Career Control）」「キャリア好奇心（Career Curiosity）」「キャリア自信（Career Confidence）」の4次元から構成されます。近年，わが国においても研究が行われるようになりました[5]。背景として，日本企業を取りまく経営環境はIT等の技術の変化，グローバル化，少子高齢化などの影響により大きく変化しており，従来の日本型雇用慣行（長期雇用・年功賃金・企業内人材育成）に拘らない企業の増加を促進しました。それに伴い個人のキャリア形成は会社主導ではなく，自己責任で行う必要があるとの認識が高まり，自律的な職業選択と，変化に対応していくための生涯を通じた自己研鑽に取り組むことが必要だと考えられるようになったことが挙げられます。

　益田（2008）は企業従業員を対象にした調査によってキャリア・アダプタビリティ尺度の構成概念を「自信因子」「コントロール因子」「好奇心因子」「関心因子」の4次元として確認しています。また渡辺ら（2002）はキャリア・アダプタビリティを「単なる環境への迎合ではなく，状況を良い方向に変化させていく行動を取れるという意も含む」と説明し，「変化対応への自信」「環境変化への関心」「自己効力感」「キャリア形成への志向」「未来への関心」「安定への志向」「ライフ・キャリア・プラン」「オープンネス」の8次元で捉えています。変化が激しく流動的な現代社会で，充実した職業生活を送っていくためには，変化を前向きに捉え，環境変化に適応できる力を自ら形成していくことが必要だといえるでしょう。

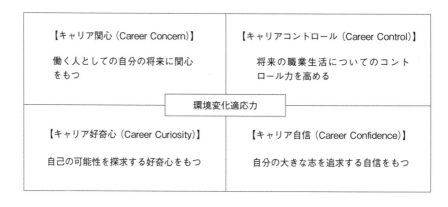

図5-9　環境変化適応力の4つの要件

---

5) 例えば，渡辺・黒川, 2002; 益田, 2008; 桐井・岡田, 2011。

柔軟に働き方・生き方を創造する！環境変化適応力を高めるには　**ワーク**

①成人期の環境変化への適応に有効だと考えられている志向，行動について自己チェックしてみましょう。

関心	☐ 今の自分の選択が将来につながっていると思う ☐ 自分の将来のために準備をしている ☐ 自分の教育の機会や職業は自分で決めていくものだと思う ☐ 自分のキャリア目標を達成するための計画を立てている ☐ 自分自身の人生設計について関心がある
コントロール	☐ 楽観的な方だ ☐ 自分の信念にはこだわる方だ ☐ 自分の行動には責任をもっている ☐ 自分の将来に期待がもてる ☐ 自分が正しいと思うことを実行する
好奇心	☐ 自分を取りまく環境についての情報を収集している ☐ 人として成長する機会を探している ☐ ものごとを多角的に見るようにしている ☐ 自分が疑問に思ったことは深く調べる ☐ 新しいことには興味が湧く
自信	☐ ものごとがうまくいくよう配慮している ☐ スキルアップのための勉強をしている ☐ 自分の能力を伸ばしたいと思う ☐ 大抵のことは障害があっても乗り越えていける ☐ 何が問題となっているのかに気がつき，解決する自信がある

Savickas & Porfeli（2012）を参考に作成。

②環境変化に適応する力を高めるために，あなた自身にとって重要だと思う項目を記入しましょう。
③②について，あなた自身の課題とあなたに必要な周囲からのサポートについて，気がついたことを記入しましょう。

重要だと思う項目：	
自分の課題	必要なサポート

【記入日：　　　年　　　月　　　日】

> **トピック** "実りある想定外の出来事＝チャンス"をつくりだす行動 (Krumboltz & Levin, 2004)
>
> 「計画された偶然（planned happenstance）」理論の提唱者，クランボルツによると，キャリアは予期できない偶然の出来事によって決定されるので，偶然を味方につけ，望ましい偶発的な出来事を自分から仕掛けていくことが重要だとされます。
>
> ここではクランボルツが作成した「実りある想定外の出来事をつくりだした行動リスト」を抜粋して紹介します。
>
> 生活にマンネリズムを感じたときや，仕事や人生にもの足りなさを感じたときには，何か1つでも行動してみませんか。
>
> **キャリアの悩みをあらゆる種類の人に相談する**
> - ネットワークをつくり，様々な人と交流し，関係を築く
> - どんな会議や行事でも，3人の新しい人に話しかけることを目標にする
> - 仕事に情熱的な人を見つけ，その人の仕事について質問してみる
> - キャリアに関する悩みを友人に話す
> - 色々な人にキャリアに関する悩みを話す
> - 普段は怖気づいて避けてしまう人と話をしてみる
> - 本のサイン会などの会場で，有名な人と話をする
>
> **学び続ける**
> - 興味をもったことを調べる
> - 図書館で本をチェックする
> - 有名人に彼らの仕事について興味をそそるような質問をメールする
> - 個人の能力を高める講座を受講する
> - インターネットを使って，興味あるテーマについての新しい情報を得る
>
> **新しいことに挑戦する**
> - いつもと違う道順で家に帰る
> - 新しい趣味やスポーツを試してみる
> - あなたの興味をそそる組織でボランティア活動をする
> - 楽器の演奏を学ぶ
>
> **プロジェクトに参加する**
> - クラブや協会，グループに参加する
> - イベントを手伝う
> - 何か特定の問題を解決するためのクリエイティブな解決案をまとめる
> - 自分の名刺をつくる
> - まずは暫定的にプロジェクトなどに参加する
> - 自分のプロモーションのためにクリエイティブな映像やパンフレットをつくる
> - トレーニングやレクチャーをしたり，知識を共有したりする
>
> **その他，キャリアの幸運をつくりだすヒント**
> - 未来は今ここから始まるということを理解する
> - 常にベストを尽くして仕事をする―それは後で返ってくる
> - 自分が望むものを伝える

- 絶望的なときには，あなたが過去に助けた人のことを思い出す
- 自己不信にチャレンジを邪魔させない
- 拒絶されてもやりとおす

(2) キャリアの転機への対処に有効な「4Sの点検」

　シュロスバーグ（1989）は，人生は様々な転機から成り立っており，それを乗り越える努力と工夫を通してキャリアが形成されるものと捉えました。キャリアの転機には「イベント（ある出来事が起こること，自分の意思で起こすものと予期しない突然のものがある）」と「ノンイベント（予期したことが起きない）」があり，通常，「役割・関係・日常生活・自分自身に対する見方」の4つのうち1つまたは2つ以上の変化を伴うとされます。キャリア転機には「状況（situatin）」「自己（seif）」「支援（support）」「戦略（strategies）」の4つについて，どの程度自分が利用可能かどうかを点検することが必要であるとしました。これらは頭文字Sであることから「4Sの点検」といわれます。

　「4Sの点検」の考え方は，人生の様々な転機を乗り越えるために戦略を考え，具体的な行動計画を立てるのに役立てることができます。

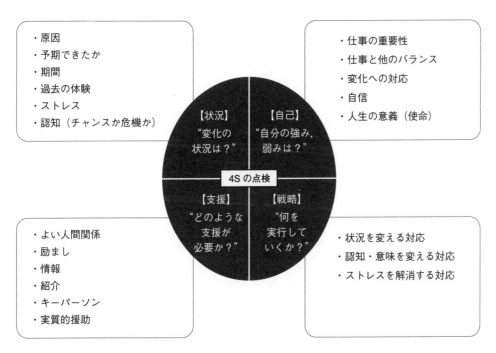

図5-10　4Sの点検

4. キャリア・デザイン

(1) キャリア・デザイン

　自分らしく納得感のある人生を歩んでいくためには，"自分の人生を自分で決めてきた"ということが重要となります。

　キャリア・デザインとは人生の節目（例えば就職，転勤，結婚，出産，育児，昇進・昇格，退職などの環境変化）に，自分と自分を取り巻く環境を理解し，未来に向かって自分の進むべき方向・目的地を決め，そこに到達するための行動計画を立て，実行に移すことです。

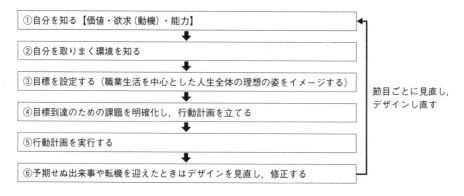

図5-11　キャリア・デザインの流れ

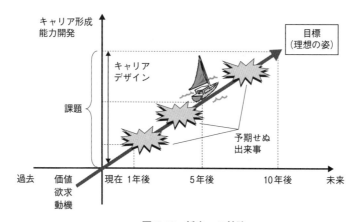

図5-12　将来への航路

(2) キャリア・デザインの6つのポイント

　□ ポイント1　「目標[6]」は自分を成長させてくれる「自己監視装置」

　「具体的で困難な目標」をもつことが成長につながります。

　目標を設定するときは，背伸び（ストレッチ）をして届くような少し高めのイメージで設定

[6) ワーク・モチベーションで学んだ「目標設定理論」（p.48）を思い出してください。

することと,「何を」「いつまでに」「どのように」「どの程度」なのかを明確にすることが重要です。

☐ ポイント2　　自分の未来を展望するために過去と現実と向き合う

多くの人にとって,具体的なキャリアの目標や将来の理想の姿は,いきなり明確になるものではありません。自分の過去を振り返り,現実と向き合うことを通して,次第にはっきりしてくるものです。

☐ ポイント3　　目標が決まったら行動する

一応の目標,行動計画が決まったら,行動を起こす姿勢が大切です。行動することによってまた「新しい自分の姿」が見えてきます。
　目標設定後の流れは,
　　目標設定 → 課題の明確化 → 行動計画 → 実行　となります。

☐ ポイント4　　行動計画は"逆算"で

目標を達成するための行動計画は,目標から逆算しましょう。10年後どのようになってたいのかをはじめに設定したら,そのための課題を明確化し,1年後,2年後,3年後……と具体的な行動計画に落とし込んでいきます。

☐ ポイント5　　自分を取りまく環境にも目を向けながらデザインする

日本に「職業」と呼ばれるものが,どれくらいあるのかを知っていますか？（職業名を列挙してみましょう）
　キャリア・デザインでは自分を深く見つめる作業が不可欠ですが,同じように,あなたが生きていく環境（社会・企業・労働市場）を理解することが必要です。自分を活かせる場を見つけるために,世の中にアンテナを張りましょう。当たり前のことですが,人は知らないことに興味や可能性を見出すことはできません。

☐ ポイント6　　人生の転機や節目[7]にデザインする

誰しも,自分の未来を確実に予測することはできません。予期せぬ出会いや出来事に遭遇し,行動計画や目標が変わることもあります[8]。キャリアは一度デザインしたら終わりではなく,人生の転機・節目ごとに見直し,修正することが大切です。

---

[7] 人生の転機・節目の例：就職,結婚,出産,離婚,転勤,転職,留学,解雇,昇格,昇進,定年退職,老化。

[8] 「計画された偶然」理論（Mitchell, Levin, & Krumboltz, 1999）では,偶発的な出来事に対応し,自律的にキャリアを構築していく（偶然をチャンスにする）ための5つのスキルを挙げています。①好奇心：新しい学習機会を探索すること,②忍耐：進歩を妨げる障害に対して努力を続けること,③柔軟性：自分の態度と周囲の環境を変えること,④楽観主義：新しい機会を達成可能なものと捉えること,⑤リスクテイキング：不確かな結果でも向き合って行動を起こすこと,の5つです。

(3) 自分を知る

ウォーミング・アップ ｜ ワーク

10年後，あなた自身はどのようになっていたいでしょうか？　自由な発想で描いて，話し合ってみましょう。

私（名前：　　　　　　　　）の10年後 "ありたい姿"
現在：　　歳　→　10年後：　　歳

【記入日：　　年　月　日】

自分の過去を振り返る　ワーク

人生満足度曲線

　今までの人生の中で，あなたにとって印象的だった出来事（成功体験・失敗体験）を思い出し，そこから得たことや学んだことを記しましょう。

　その出来事を当時のあなたはどのように受け止めたのでしょうか？　満足度を（＋）から（－）の点で記入し，最後にすべての点を線で結んでください。

出生 → 現在

出来事〔成功・失敗体験〕	
得たこと・学んだこと	
満足度・高　満足度・低	（＋）　　　　　　　　　　　　　　　　　　　　　　　　　　（＋） （０）‥‥‥‥‥‥‥‥‥‥‥‥‥‥‥‥‥‥‥‥‥‥‥‥（０） （－）　　　　　　　　　　　　　　　　　　　　　　　　　　（－）

エピソードシート

あなたが他者に褒められたこと，感謝されたエピソードを 3 つ思い出してください。いつ・どのような場面で・何を・どのように褒められたのか，記入しましょう。

あなたが影響を受けた出来事や人との出会いを 3 つ思い出してください。
どのような出来事，出会いでしたか？　あなたはどのような影響を受けましたか？（得られた教訓，発見したこと，感動したことなど自由に書き込んでください）

影響を受けた出来事・出会い	あなたが受けた影響

【記入日：　　　年　　月　　日】

現在の自分を知る　ワーク

現在の自分を見つめるワーク

自分自身について書き出してみましょう。

人生で大切にしていきたいこと ※明確化していない方は価値観チェックリスト（p.142）を参考にして記入しましょう。	
好きなこと・もの	
特技・得意なこと	
将来生かしていきたい自分の特長	どのように伸ばしていきますか？
不安・不満に思うことは何ですか？	どうしたらいいと思いますか？ （「目標設定理論」（p.48～）や「ストレス対処」（p.85～）で学んだこと等も参考にしましょう）

人生の価値観チェックリスト

①価値観リストから，直感的にあなたが「大切だ」と思うキーワードにチェックしてください。チェックしている最中に自分の言葉（キーワード）が浮かんだ場合は，空欄にメモしてください。

☐ 愛	☐ 気がつく	☐ 刺激	☐ 情熱
☐ 安定	☐ 輝き	☐ 思いやり	☐ 信頼
☐ 一貫性	☐ 共感	☐ 支配する	☐ 心のオープンさ
☐ 学ぶ	☐ 強さ	☐ 自己成長	☐ 進化
☐ 楽しむこと	☐ 教える	☐ 自己表現	☐ 正義
☐ 活躍する	☐ 健康	☐ 自信	☐ 正直
☐ 完璧	☐ 権威	☐ 自尊	☐ 誠実
☐ 寛容	☐ 個性	☐ 自分らしさ	☐ 積み重ねる
☐ 感動する	☐ 好奇心	☐ 自由	☐ 想像
☐ 喜び	☐ 貢献	☐ 受け入れる	☐ 尊敬
☐ 自然	☐ 安全	☐ 静寂	☐ 上品
☐ 権力	☐ 秩序	☐ 柔軟性	☐ 助ける
☐ 専門性	☐ 能力	☐ 効率	☐ 発展
☐ 意味がある	☐ 主体性	☐ エネルギッシュ	☐ 協力
☐ 達成感	☐ 冒険心	☐ クリエイティブ	☐ 自立
☐ 調和	☐ 没頭する	☐ サポート	☐ 正確さ
☐ 直感	☐ 未知	☐ チャレンジ精神	☐ 精神力
☐ 努力	☐ 名声	☐ バランス	☐ 行動
☐ 透明性	☐ 目的意識	☐ プライバシー	☐
☐ 道徳	☐ 優しさ	☐ ベスト	☐
☐ 忍耐	☐ 優雅	☐ ポジティブ	☐
☐ 認める	☐ 勇気	☐ ユーモア	☐
☐ 美	☐ 遊び心	☐ リーダーシップ	☐
☐ 富裕	☐ 励ます	☐ スピード	☐
☐ 真実	☐ 朗らか	☐ 利益	☐

②上でチェックしたキーワードの中から特に重要だと感じるものを3つ選んでください。

③なぜ，この3つを「大切なもの」として選んだのか，その理由を考えてみましょう。

【記入日：　　　年　　月　　日】

あなたは何を基準にして仕事を選びますか？
仕事の価値観評価基準　ワーク

職業選択の基準となる価値観は表に示したように「仕事重視」「会社重視」「環境重視」の3つの因子で考えられています。

仕事を選ぶとき、あなたは何を基準にしますか？

①表の項目から、あなたが仕事を選ぶときに「重要だ」と思う項目を3つ選んで、重要度順に並べてみましょう。

表　職業選択の基準となる価値観の項目（独立行政法人労働政策研究・研修機構, 2010）

仕事重視	達成感 仕事の内容 社会への奉仕や貢献 取り扱いや処遇の公平さ 学問と仕事の関連性 仕事の継続性（キャリアの一貫性）	仕事の成果や実績を反映した処遇の決め方 免許や資格取得の必要性・可能性 独立や自営の可能性 企業ブランド 賃金
会社重視	企業の将来性　　雇用の安定性　　企業規模	
環境重視	勤務地の限定 昼間勤務かつ交替制のない勤務 休日や休暇のとりやすさ 育児休業や介護休暇の制度化	職場の物理的化学的環境 職場の対人関係 福利厚生等の充実

②なぜ①の項目を選んだのか理由を書き込み、話し合ってみましょう。

あなたが重要だと思う項目	重要な理由
1.	
2.	
3.	

【記入日：　　　年　　月　　日】

トピック　あなたの心の中にある4つの窓：「ジョハリの窓」を自己成長に活用しよう

「ジョハリの窓」はジョセフ・ルフトとハリー・インガム（Luft & Ingham, 1955）が発案したので，二人の名前をとってジョハリの窓と名づけられました。下図のように人の心には4つの窓があると考えます。

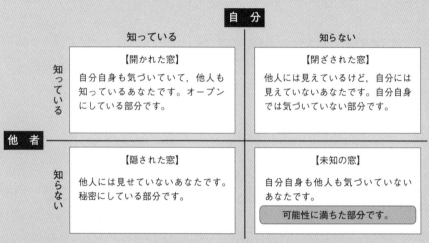

図5-13　ジョハリの窓

- 私たちは，この4つの窓を通して人と関わっていると捉えることができます。それぞれの窓にある仕切りは，自分の意思で動かすことができ，4つの窓の大きさを，自分の望むように，自由に変えることができます。
- 自分を成長させるには「開かれた窓」を広げる行動が基本となります。
- 開かれた窓を広げる効果的な方法には，次の3つの行動があります。

①オープンになる（自己開示）
　「隠された窓」を狭める方法です。自分は知っているけれども，他の人が知らない隠された窓を小さくすることで明るい窓は大きくなるでしょう。

②他人からのアドバイス，フィードバックを受ける
　「閉ざされた窓」を狭める方法です。信頼できる人，親しい人からのフィードバックが効果的でしょう。

③未知のことにチャレンジをする
　「未知の窓」を小さくする方法です。「未知の窓」はゼロにはならない「可能性」に満ちた窓です。自分では経験したことのない，他人にも想像がつかないような新しい領域で行動する自分をイメージしてみましょう。新しいことへのチャレンジは，新たな自己の発見につながり，成長を促すことでしょう。

社会人基礎力自己チェック　ワーク

　経済産業省が提唱している社会人基礎力（「職場や地域社会で多様な人々と仕事をしていくために必要な基礎的な力」）の指標を活用して，あなたの強み，弱み，大学生活における課題は何かを発見しましょう（第1章 pp.12-13 参照）。

社会人基礎力の能力要素（特定非営利活動法人 OCP 総合研究所）

分類	能力要素	内容		評価
Ⅰ 前に踏み出す力（アクション）	① 主体性	物事に進んで取り込む力 例）指示を待つのではなく，自らやるべきことを見つけて積極的に取り込む。	いつでも，積極的に取り込むことができる。	5
			積極的に取り込むことが，ややできる。	4
			内容によって，取り込むことができる	3
			指示があれば，取り込むことができる。	2
			なかなか，取り込むことができない。	1
	② 働きかけ力	他人に働きかけ巻き込む力 例）「やろうじゃないか」と呼びかけ，目的に向かって周囲の人々を動かしていく。	いつでも，目的に向かって周囲の人々を動かしていくことができる。	5
			目的に向かって，周囲の人々と相談しながら，動かしていくことができる。	4
			内容によっては，周囲の人々を動かしていくことができる。	3
			内容によっても，周囲の人々を動かしていく自信がない。	2
			内容によっても，周囲の人々を動かしていくのは無理だ。	1
	③ 実行力	目的を設定し確実に行動する力 例）言われたことをやるだけではなく自ら目標を設定し，失敗を恐れず行動に移し，粘り強く取り込む。	いつでも，自ら目標を設定し，確実にやりとげることができる。	5
			自ら目標を設定し，がんばってやりとげることができる。	4
			内容によっては，やりとげることができる。	3
			言われたことについては，目標を設定して行動することができる。	2
			目標を設定して行動することができない。	1
Ⅱ 考え抜く力（シンキング）	④ 課題発見力	現状を分析し目的や課題を明らかにする力 例）目標に向かって，自ら「ここに問題があり，解決が必要だ」と提案する。	いつでも，現状を分析し目的や課題を明らかにして明確に提案できる。	5
			現状を分析し，目的や課題を明らかにして提案できる。	4
			内容によっては，現状を分析し目的や課題を明らかにして提案できる。	3
			現状を分析し，目的や課題を明らかにできるが，提案までできない。	2
			現状を分析，提案ができない。	1
	⑤ 計画力	課題の解決に向けたプロセスを明らかに準備する力 例）課題の解決に向けた複数のプロセスを明確にし，「その中で最善のものは何か」を検討し，それに向けた準備をする。	いつでも，課題解決のための計画を立てることができる。	5
			課題解決のための計画を立てることができる。	4
			内容によっては，課題解決のための計画を立てることができる。	3
			誰かと相談しないと，計画を立てることができない。	2
			課題解決のための計画を立てることができない。	1
	⑥ 創造力	新しい価値を生み出す力 例）既存の発想にとらわれず，課題に対して新しい解決方法を考える。	創造力がある。	5
			課題に対して，新しい解決方法を考えることができる。	4
			内容によっては，新しい解決法を考えることができる。	3
			誰かと相談しながら，新しい解決法を考えることができる。	2
			新しい解決方法を考えるのは，苦手。	1

Ⅲ チームで働く力（チームワーク）	⑦発信力	自分の意見をわかりやすく伝える力 例）自分の意見をわかりやすく整理したうえで、相手に理解してもらうように的確に伝える。	いつでも、自分の意見を相手に理解してもらい的確に伝えることができる。	5
			自分の意見を相手に理解してもらい伝えることができる。	4
			内容によっては、自分の意見を相手に理解してもらい伝えることができる。	3
			自分の意見を相手に理解してもらえたか、確認しながらなら伝えることができる。	2
			自分の意見を相手に理解してもらえるように、伝えることができない。	1
	⑧傾聴力	相手の意見を丁寧に聴く力 例）相手の話しやすい環境をつくり、適切なタイミングで質問するなど相手の意見を引き出す。	いつでも、相手の話、意見を引き出して聴くことができる。	5
			相手の話、意見を引き出して聴くことができる。	4
			内容によっては、相手の話、意見を聴くことができる。	3
			相手が話していることを、時間をかけ、質問しながら意見を引き出して聴くことができる。	2
			相手が話している内容が理解できない。	1
	⑨柔軟性	意見の違いや立場の違いを理解する力 例）自分のルールややり方に固執するのではなく、相手の意見や立場を尊重し理解する。	いつでも、相手の意見や立場を尊重し理解することができる。	5
			相手の意見や立場を尊重し理解することができる。	4
			内容によっては、相手の意見や立場を尊重し理解することができる。	3
			自分のルールややり方を納得してもらえれば、相手の意見や立場を尊重し理解することができる。	2
			相手の意見や立場を尊重し理解することはできない。	1
	⑩状況把握力	自分と周囲の人々や物事との関係性を理解する力 例）チームで仕事をするとき、自分がどのような役割を果たすべきかを理解する。	いつでも、チームで仕事をするとき、自分がどのような役割を果たすべきかをすぐ理解することができる。	5
			チームで仕事をするとき、自分がどのような役割を果たすべきかを理解することができる。	4
			内容によっては、チームで仕事をするとき、自分がどのような役割を果たすべきかを理解することができる。	3
			チームで仕事をするとき、自分がどのような役割を果たすべきかを時間を掛ければ理解することができる。	2
			チームで仕事をするとき、自分がどのような役割を果たすべきかを理解できない。	1
	⑪規律性	社会のルールや人との約束を守る力 例）情況に応じて、社会のルールに則って自らの発言や行動を適切に律する。	いつでも、社会のルールや人との約束を厳守して行動している。	5
			社会のルールや人との約束を守るよう行動している。	4
			内容によっては、社会のルールや人との約束を守って行動している。	3
			社会のルールや人との約束を守ることは当然と思っているが、守れないことがある。	2
			社会のルールや人との約束を守れないことが多い。	1
	⑫ストレスコントロール力	ストレスの発生源に対応する力 例）ストレスを感じることがあっても、成長の機会だとポジティブに捉えて肩の力を抜いて対応する。	いつでも、ストレスを感じることなく、問題解決して対処できる。	5
			ストレスを感じることがあっても、ポジティブに捉えて対応できる。	4
			内容によっては、ストレスを感じることがあっても、成長の機会だとポジティブに捉えて肩の力を抜いて対応できる。	3
			ストレスを感じることがあっても、誰かに相談すれば、ポジティブに捉えて肩の力を抜いてがんばって対応することができる。	2
			ストレスを感じることがあると、休んでしまう。	1

自己評価の結果をレーダーチャートに記入しましょう。

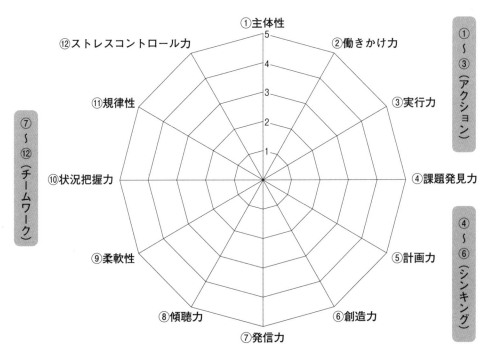

強み・弱みの明確化

〈強み〉	さらに伸ばす行動
〈弱み〉	改善する行動

課題の明確化

「強みをさらに伸ばす」「弱みを改善する」行動の中から，優先度が高い順に3つ選択し，具体的な行動計画に落とし込みましょう。

「何を」「いつまでに」「どのように」「どの程度」行動するかを明確化してください。

```
┌─────────────────────────────────────────┐
│ 1                                       │
│                                         │
│                                         │
│                                         │
├─────────────────────────────────────────┤
│ 2                                       │
│                                         │
│                                         │
│                                         │
├─────────────────────────────────────────┤
│ 3                                       │
│                                         │
│                                         │
│                                         │
│                                         │
└─────────────────────────────────────────┘
                       【記入日：　　年　　月　　日】
```

(4) 仕事を知る

◉ 職　業

　独立行政法人労働政策研究・研修機構によると「職業とは，個性を発揮して，社会的役割を実現し，生計の維持を目指す継続的な人間活動である」と定義されています。

　職業は生活の糧を得るという意味だけではなく，社会のつながりの中でその人らしさを発揮するという意味を含むものとして捉えることができます。

　社会生活の中で職業として取り扱われる必要要件は4つあります。

　①収入を得るという経済的意義があること
　②継続的活動であること
　③公共福祉に反しないこと
　④個人がその自由意思に基づき，選択し，従事していること

表 5-6　職種分類表 （厚生労働省，2015）

職種	職種内容
1　管理的な仕事	課（課相当を含む）以上の組織の管理的仕事に従事する者をいう。 例えば，部長，課長，支店長，工場長など
2　専門的・技術的な仕事	高度の専門的水準において，科学的知識を応用した技術的な仕事に従事する者及び医療・法律・芸術その他の専門的性質の仕事に従事する者をいう。 例えば，科学研究者，機械・電気技術者，一級建築士，プログラマー，システムエンジニア，医師，薬剤師，看護師，准看護師，栄養士，福祉相談員，保育士，介護支援相談員，公認会計士，税理士，教員，記者，編集者，デザイナー，写真家，速記者など
3　事務的な仕事	一般に課長（課長相当職を含む）以上の職務にあるものの監督を受けて，庶務・文書・人事・会計・調査・企画・運輸・通信・生産関連・営業販売・外勤に関する事務及び事務用機械の操作の仕事に従事する者をいう。 例えば，一般事務員，銀行の窓口事務員，旅行会社カウンター係，案内係，フロント，集金人，メーター検針員，オペレーター，有料道路料金係，出改札係など
4　販売の仕事	商品（サービスを含む）・不動産・証券などの売買，売買の仲立・取次・代理などの仕事，保険外交，商品の売買・製造などに関する取引上の勧誘・交渉・受注の仕事に従事する者をいう。 例えば，一般商店・コンビニエンスストア・スーパー・デパートなどの販売店員，レジ係，商品販売外交員，保険外交員，銀行外交員，スーパー店長，新聞拡張員，不動産仲介人など
5　サービスの仕事	理容・美容・クリーニング・調理・接客・娯楽など個人に対するサービス，居住施設・ビルなどの管理サービス及びその他のサービスの仕事に従事する者をいう。 例えば，理容・美容師，クリーニング工，調理人，ウェイター，ウェイトレス，接客係，ホームヘルパー，ベビーシッター，駐車場・ビル管理人，寮管理人，ツアーコンダクター，ビデオレンタル店員，広告ビラ配達員など
6　保安の仕事	社会・個人・財産の保護，法と秩序の維持などの仕事に従事する者をいう。 例えば，守衛，警備員，監視員，建設現場誘導員など
7　生産工程の仕事	生産設備の制御・監視の仕事，機械・器具・手動具などを用いて原料・材料を加工する仕事，各種の機械器具を組立・調整・修理・検査する仕事，製版・印刷・製本の作業，生産工程で行われる仕事に関連する仕事及び生産に類似する技能的な仕事に従事する者をいう。 例えば，生産設備制御・監視員，機械組立設備制御・監視員，製品製造・加工処理工，機械組立工，機械修理工，自動車整備工，製品検査工など
8　輸送・機械運転の仕事	機関車・電車・自動車・船舶・航空機などの運転・操縦の仕事，及びその他の関連する仕事，並びに定置機関・機械及び建設機械を操作する仕事に従事する者をいう。 例えば，電車運転士，バス運転者，営業用乗用自動車運転者，貨物自動車運転者，船長，航海士・運航士，水先人，船舶機関長・機関士，航空機操縦士など
9　建設・採掘の仕事	建設の仕事，電気工事に係る作業を行う仕事，ダム・トンネルの掘削などの仕事，鉱物の探査・試掘・採掘・採取・選鉱の仕事に従事する者をいう。（ただし，建設機械を操作する仕事に従事する者は「輸送・機械運転の仕事」となる。） 例えば，型枠大工，とび職，鉄筋工，大工，れんが積工，ブロック積工，タイル張工，屋根ふき工，左官，畳工，配管工，送電線電工，外線電工，通信線架線工，電信機器付工，電気工事従事者，土木従事者，坑内採鉱員，石切工，砂利採取員など
10　運搬・清掃・包装等の仕事	主に身体を使って行う定型的な作業のうち，運搬・配達・梱包・清掃・包装等に従事する者をいう。 例えば，郵便・電報外務員，船内・沿岸荷役従事者，陸上荷役・運搬従事者，倉庫現場員，配達員，荷造工，清掃従事者，包装工など
11　その他の仕事	農・林・漁業の従事者及び上記以外の職種に従事する者をいう。

注）上記の表は，日本標準職業分類（平成 21 年 12 月改定）に基づいています。

厚生労働省職業分類によると仕事，職位，課業，職務，職業の用語は次のように定義され，区別されています。

①**仕事**：仕事とは，職業活動において特定の活動を果たすために払われる精神的，身体的努力をいう。
②**職位**：職位とは，一人の人に割り当てられた仕事と責任との全体をいう。
③**課業**：課業とは，職位に含まれる各種の仕事のうち，個々のひとまとまりの仕事をいう。
④**職務**：職務とは，一群の職位がその主要な仕事と責任に関して同一である場合，その一群の職位をいう。
⑤**職業**：職業とは，職務・職位・課業によって構成される概念であり，職務の内容である仕事や課せられた責任を遂行するために必要な知識・技能などの共通性または類似性によってまとめられた一群の職務をいう。

現在，どれだけの数の職業があるでしょうか？ あなたは職業名をいくつ挙げることができますか？（実際に職業名を挙げてみましょう）

職業を理解するには，どのような職業が存在するのか，まずは全体像をつかむことが第一歩となります。その情報源として，厚生労働省職業分類[9]（表5-7）が代表的です。

表5-7 大分類項目の構成および大・中・小・細分類の分類項目数 (厚生労働省, 2011b)

	大分類	中分類	小分類	細分類
A	管理的職業	4	6	11
B	専門的・技術的職業	20	93	177
C	事務的職業	7	27	57
D	販売の職業	3	20	50
E	サービスの職業	8	34	67
F	保安の職業	3	12	35
G	農林漁業の職業	11	105	340
H	生産工程の職業	5	23	48
I	輸送・機械運転の職業	5	24	52
J	建設・採掘の職業	5	24	52
K	運搬・清掃・包装等の職業	4	17	73
(計)	11	73	269	892

● 産　業

職業はいろいろな産業の中に存在します。日本標準産業分類（平成19年11月改定）では，事業所，産業について次のように定義しています。

　　事業所：事業所とは，経済活動の場所的単位であって原則として次の要件を備えているものをいう。(1) 経済活動が単一の経営主体のもとにおいて一定の場所すなわち一区画を

---

[9] 厚生労働省は2011年6月に，昨今の社会経済情勢の変化に伴う職業構造の変化に対応させるため，厚生労働省編職業分類を全面的に改定しました。

占めて行われていること。(2) 財又はサービスの生産と供給が，人及び設備を有して，継続的に行われていること。すなわち，事業所とは，一般に工場，製作所，事務所，営業所，商店，飲食店，旅館，娯楽場，学校，病院，役所，駅，鉱業所，農家などと呼ばれるものである。

　産　業：産業とは，財又はサービスの生産と供給において類似した経済活動を統合したものであり，実際上は，同種の経済活動を営む事業所の総合体と定義される。これには，営利事業と非営利事業がともに含まれるが，家計における主に自家消費のための財又はサービスの生産と供給は含まれない。

産業分類は表5-8に示したように，大分類20，中分類99，小分類529，細分類1,455で構成されています。

表 5-8　産業分類の構成 (総務省統計局, 2007)

	大分類	中分類	小分類	細分類
A	農業，林業	2	11	33
B	漁業	2	6	21
C	鉱業，採石業，砂利採取業	1	7	32
D	建設業	3	23	55
E	製造業	24	177	595
F	電気・ガス・熱供給・水道業	4	10	17
G	情報通信業	5	20	44
H	運輸業，郵便業	8	33	62
I	卸売業，小売業	12	61	202
J	金融業，保険業	6	24	72
K	不動産業，物品賃貸業	3	15	28
L	学術研究，専門・サービス技術業	4	23	42
M	宿泊業，飲食サービス業	3	17	29
N	生活関連サービス業	3	23	67
O	教育，学習支援業	2	15	34
P	医療，福祉	3	18	41
Q	複合サービス事業	2	6	10
R	サービス業（他に分類されないもの）	9	34	65
S	公務（他に分類されるものを除く）	2	5	5
T	分類不能の産業	1	1	1
(計)	20	99	529	1,455

就業者の産業別・職業別の割合：データから現状を読み解く　ワーク

①②についてあなた自身のコメントを記入し，話し合ってみましょう。
① 次の２つの図からどのようなことが読み取れますか？

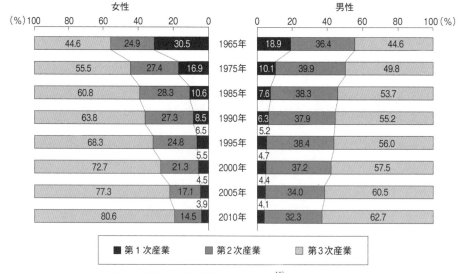

図1　産業別就業者構成割合の推移 [10]（内閣府，2011）

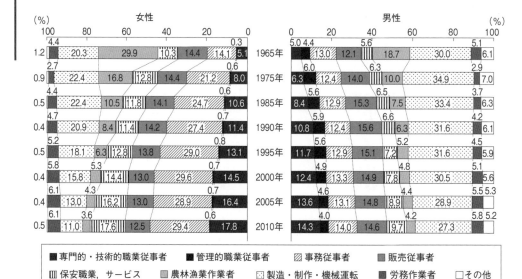

図2　職業別就業者構成比の推移 [11]（内閣府，2011）

10）産業別に就業者割合を見ると，男女ともに第1次産業はほぼ一貫して低下する一方，第3次産業の割合が高まってきています。女性で特にその傾向が顕著であり，第1次産業，第2次産業の割合はほぼ一貫して低下し，2010年には8割以上が第3次産業の就業者となっています。これに対し男性は，女性に比して第1次産業，第2次産業共低下が緩やかであり，2010年において第3次産業の就業者は6割程度を占めています。

② ①の図1・2と次の記事を合わせると，どのようなことが考えられますか？

日本経済新聞朝刊 2015 年 1 月 7 日より抜粋・編集
「技術革新で生き残るには」

　英オックスフォード大学のマイケル・オズボーン准教授は「アメリカは今後 20 年で総雇用者の 47％の仕事が機械化で奪われる可能性がある」と予想している。同氏は「機械とともに働く能力」の必要性を主張する。また，技術の進歩で「消える仕事」と「残る仕事」の分かれ目は「社会性，創造力，臨機応変さの 3 つにヒントがある」と指摘した。同氏によると「3 つとも，経験や勘に基づく能力。どんなに高性能のコンピューターでも我々が脳の中にためている知識の深さは計算できない」という。
　こうした能力なしにはつとまらない教師や経営トップといった職業が「残る仕事」の代表といえる。一方，どんな花形職業でも，3 つの能力と関係が薄い仕事であれば，機械にとって代わられる……（省略）。

---

①

②

【記入日：　　年　　月　　日】

---

11) 職業別の就業者割合について見ると，男女共農林漁業作業者の割合が大きく減少してきたことが目立っています。製造・制作・機械運転および建設作業者の割合は，女性はほぼ一貫して低下しています。男性も低下傾向にあるものの女性に比べると低下は緩やかであり，現在でも最も割合が高くなっています。男女とも専門的・技術的職業従事者，事務従事者，保安職業・サービス職業従事者の割合は増加傾向にあり，特に女性において顕著であって，2010 年にはこれら 3 つの職業で全体の 64.8％となっています。

● 働き方

近年,雇用者,非雇用者の中でも,働き方は多様化しています。「雇われない」新しい働き方として,個人で企業と契約を結び仕事を請け負うフリーランサーや「インディペンデント・コントラクター(独立業務請負人)[12]」という働き方も出現しました。

雇用される場合も形態は多様化[13]しています。「平成26年就業形態の多様化に関する総合実態調査の概況」(厚生労働省,2015)によると,正社員と正社員以外[14]の割合は,職種をみると,「正社員」では,「事務的な仕事」が39.2％と最も高い割合となっており,次いで「管理的な仕事」18.5％,「専門的・技術的な仕事」17.6％の順となっています。「正社員以外の労働者」では,「事務的な仕事」が24.5％,「サービスの仕事」が22.2％,「専門的・技術的な仕事」が14.8％などとなっています。

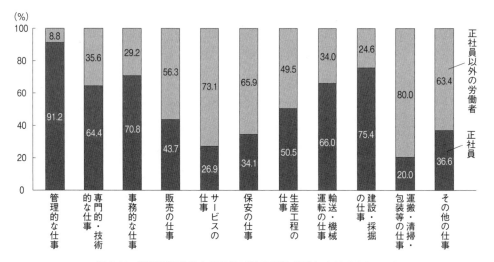

図 5-14 職種別正社員と正社員以外の労働者割合 (厚生労働省,2015)

12) 期限つきで専門性の高い仕事を請け負い,雇用契約ではなく業務単位の請負契約を複数の企業と結んで活動する独立・自立した個人のことをインディペンデント・コントラクター(IC＝独立業務請負人)と呼んでいます。雇う企業から見ると「必要な時に必要なだけ」専門性の高い領域をコミットし業務を遂行するICを活用することにより,確実にプロジェクトを成功に導き,かつコスト面でもメリットが高いと思われます。米国ではすでに900万人近いICが活躍しており,今後日本でも企業の本業回帰の流れと,外部にある知恵を有効に活用していきたいという意向から,ICという働き方が拡大すると言われています(特定非営利活動法人インディペンデント・コントラクター協会HP http://www.npo-ic.org/aboutus/index.html より引用)。

13) 働き方の多様化によって,様々な問題も生じています。正社員以外は正社員と比較すると,(1) 特に不況期において,解雇や期間満了による雇止めなどにより雇用調整の対象とされやすい,(2) 賃金が低く,有配偶率も低い,(3) 企業内で職業訓練を受け能力を高める機会も乏しい,ことが報告されています。とりわけ非正規雇用に就いた若者のキャリア形成の問題は深刻化しており(厚生労働省,2011),職業能力開発の機会も乏しく,技能,賃金水準は低位のままにあり,同世代の中での格差も拡大していくことが指摘されています。

14) 厚生労働省(2010)による就業形態の分類と定義は次のとおりです。

正社員:雇用している労働者で雇用期間の定めのない者のうち,パートタイム労働者や他企業への出向者などを除いた,いわゆる正社員をいう。

契約社員:専門的職種に従事し,専門的能力の発揮を目的として雇用期間を定めて契約する者。

派遣労働者:派遣元事業所から派遣されてきている者。

臨時的雇用者:臨時的に又は日々雇用している労働者で,雇用期間が1ヵ月以内の者。

出向社員:他企業より出向契約に基づき出向してきている者。出向元に籍を置いているかどうかは問わない。

パートタイム労働者:正社員より1日の所定労働時間が短いか,1週間の所定労働日数が少ない労働者で,雇用期間が1ヵ月を超えるか,または定めがない者。

正社員以外の就業形態別にみると,「出向社員」では「管理的な仕事」が31.3％,「契約社員（専門職）」では「専門的・技術的な仕事」が41.0％,「嘱託社員（再雇用者）」「派遣労働者」では「事務的な仕事」がそれぞれ27.6％, 36.9％,「パートタイム労働者」「臨時労働者」では「サービスの仕事」がそれぞれ29.8％, 21.1％と最も高い割合となっています。職種ごとに,正社員,正社員以外の労働者別の労働者割合をみると,「運搬・清掃・包装等の仕事」「サービスの仕事」「保安の仕事」「販売の仕事」などでは,正社員以外の労働者が過半数を超えています。

表 5-9　就業形態, 現在の職種別労働者割合 (厚生労働省, 2015を一部改変)

(単位：％)

就業形態	全労働者	管理的な仕事	専門的・技術的な仕事	事務的な仕事	販売の仕事	サービスの仕事	保安の仕事	生産工程の仕事	輸送・機械運転の仕事	建設・採掘の仕事	運搬・清掃・包装等の仕事	その他の仕事	不明
総数	(100.0)	(100.0)	(100.0)	(100.0)	(100.0)	(100.0)	(100.0)	(100.0)	(100.0)	(100.0)	(100.0)	(100.0)	(100.0)
正社員	(60.2)	(91.2)	(64.4)	(70.8)	(43.7)	(26.9)	(34.1)	(50.5)	(66.0)	(75.4)	(20.0)	(36.6)	(34.0)
正社員以外の労働者	(39.8)	(8.8)	(35.6)	(29.2)	(56.3)	(73.1)	(65.9)	(49.5)	(34.0)	(24.6)	(80.0)	(63.4)	(66.0)
総数	100.0	12.2	16.5	33.3	9.8	12.1	0.8	6.7	2.1	1.6	4.0	0.3	0.6
正社員	100.0	18.5	17.6	39.2	7.1	5.4	0.5	5.6	2.3	1.9	1.3	0.2	0.3
正社員以外の労働者	100.0	2.7	14.8	24.5	13.9	22.2	1.4	8.3	1.8	1.0	8.1	0.5	0.9
出向社員	100.0	31.3	17.5	30.2	5.9	2.5	0.3	7.2	1.4	1.6	1.8	0.0	0.3
契約社員（専門職）	100.0	2.7	41.0	21.7	9.4	10.3	1.4	5.7	2.8	0.3	3.5	0.3	0.9
嘱託社員（再雇用者）	100.0	12.1	20.1	27.6	6.6	8.1	2.5	8.9	6.6	1.3	4.9	0.4	0.7
パートタイム労働者	100.0	0.6	10.3	23.1	17.2	29.8	1.1	6.7	1.0	0.1	8.7	0.3	1.1
臨時労働者	100.0	0.6	16.2	11.0	11.3	21.1	2.8	3.1	3.9	11.2	14.3	3.2	1.3
派遣労働者	100.0	0.9	21.2	36.9	3.6	5.7	0.9	18.2	1.3	0.7	9.6	0.5	0.4
登録型	100.0	0.6	11.8	46.3	4.2	5.8	0.6	19.0	0.9	0.1	10.2	0.3	0.1
常時雇用型	100.0	1.2	32.3	25.7	3.0	5.7	1.4	17.3	1.8	1.4	8.8	0.6	0.7
その他	100.0	2.2	10.2	27.0	13.4	16.3	2.1	13.8	2.1	2.2	9.1	0.9	0.7

注)（　）は，職種ごとの総数を100とした正社員，正社員以外の労働者の割合である。

活力にあふれた仕事ぶり，「ワーク・エンゲイジメント」の高い人の働き方を考える　ワーク

仕事に誇りをもち，仕事にエネルギーを注ぎ，仕事から活力を得て活き活きしている心の状態を「ワーク・エンゲイジメント」と言います。ワーク・エンゲイジメントは「熱意」「没頭」「活力」の3つの要素で構成されます。

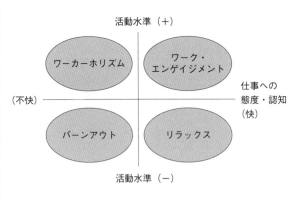

図　ワーク・エンゲイジメントと関連する概念
（島津，2015）

図のように，仕事で心身のエネルギーを消耗して意欲を無くしてしまうバーンアウト（燃え尽き）の対概念として位置づけられます。また，ワーカーホリズムとは，活動水準は同じ高さとして位置づけられますが，仕事への捉え方が異なります。

ワーク・エンゲイジメントは精神的健康だけでなく，個人や組織のパフォーマンスを促進することが示されており，職場のメンタルヘルスを経営戦略の一部として推進する際の鍵概念になる（島津，2015）と考えられています。

ワーク・エンゲイジメントが高い人とは，「仕事にやりがいを感じている（熱意），仕事に熱心に取り組んでいる（没頭），仕事から活力を得ていきいきとしている（活力）の3拍子がそろった状態」の人のことです。

①ワーク・エンゲイジメントが高い人として，あなたは誰をイメージしますか？人物を一人思い浮かべてください（実在の人物でなくても構いません）。
②その人物の「熱意」・「没頭」・「活力」の様子，程度について具体的に記入してください。
③その人物の仕事のこなし方や他者への影響等，思い浮かんだことを自由に記入してください。

①人物：
②熱意：
没頭：
活力：
③仕事のこなし方，他者への影響など

【記入日：　　　年　　　月　　　日】

◉**人と仕事の適性**

キャリア・カウンセリングなどの実践場面[15]では，人と仕事の適性を大きく分けて3つの意味内容で考えます（図5-15）。

図 5-15　人と仕事の適性

①**能力的適性**：仕事がどの程度できるのか，職務を遂行するために必要な技術・知識を備えているか，またそれらを獲得する（潜在的な）能力を備えているか。

②**性格的適性**：職場に適応できるか，協調性，対人関係，ストレス耐性，ものの見方や感じ方などの情緒的側面。

③**態度的適性**：働くことへの動機，興味，職業観，価値観など内面的な価値意識。

スーパー（Super, 1957）は「人と職業とのふさわしさ」として「職業適合性」という概念を提示しました。図5-16に示すように，適性を狭義に捉えています。

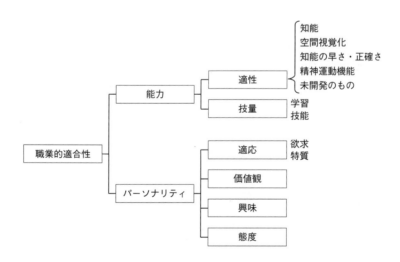

図 5-16　スーパーの職業的適合性（Super, 1957）

15）参考：社団法人日本産業カウンセラー協会（2004）。

トピック　企業と学生のギャップ

　経済産業省が 2010 年に公表した『大学生の「社会人観」の把握と「社会人基礎力」の認知度向上実証に関する調査[16]』によると、企業側が「学生に求める能力要素」と学生が「企業から求められていると考えている能力要素」ならびにその水準には、大きなギャップが存在することが報告されています。

　企業側は学生に対し、「主体性」「粘り強さ」「コミュニケーション力」といった内面的な基本能力の不足を感じているのに対して、学生は、技術・スキル系の能力要素が自らに不足していると考えている傾向にあるようです（図5-17）。

　また、学生側は「チームワーク力」「粘り強さ」といった能力要素に関して、既に身につけていると考えているのに対し、企業側は、その水準に達していないと考えていることが図5-18から示唆されます。

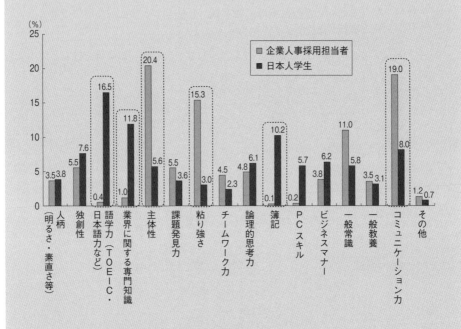

図5-17　自分に不足していると思う能力要素＜対日本人学生＞
　　　　 学生に不足していると思う能力要素＜対企業＞　（経済産業省, 2010）

---

16) 調査概要：全国の企業人事採用担当者・日本人学生・日本への外国人留学生を対象とし、Web、郵送および直接訪問による調査。調査期間は 2009 年 11 月 23 日－12 月 25 日、有効回答は企業人事採用担当者 1,179 件、日本人学生 1,598 件、外国人留学生 528 件。

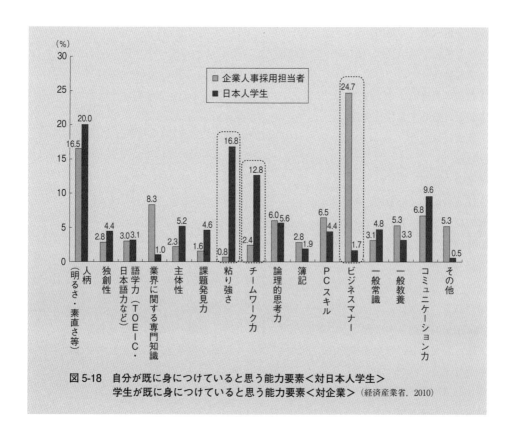

図 5-18　自分が既に身につけていると思う能力要素＜対日本人学生＞
　　　　　学生が既に身につけていると思う能力要素＜対企業＞（経済産業省，2010）

●職業選択：賢明な職業選択のための3要件

職業指導の創始者といわれるパーソンズ（Parsons, 1909）は，「賢明な職業選択」のための3要件を挙げています。

①自分自身，自己の適性，能力，興味，希望，資質，限界，その他の諸特性を明確に理解すること（自己を知る）。
②様々な職業や仕事に関して，その仕事に求められる資質，成功の条件，有利な点と不利な点，報酬，就職の機会，将来性などについての知識を得ること（仕事を知る）。
③上記の2つの関係について合理的な推論を行いマッチングすること（自分と職業の適合を考える）。

●職業選択のための情報収集

　職　種：自分がその仕事を選んだ場合のメリット，デメリットに関する情報を収集します。イメージだけで捉えるのではなく，仕事の内容をより具体的に知ろうとすることが大切です。
　業　界：その業界に就職することによって，自分の価値観や適性を活かすことができそうかどうかという視点で，業界全体の動向や将来性などを調べることがポイントです。
　事業所：業界や職種の情報収集を通して興味をもった事業所を選択し，各事業所についてさらに情報を集めます。事業所情報には次の項目が挙げられます。

①所在地（地元／地方）
②事業所の形態（民間／公務）・企業規模
③業種動向
④企業の将来性・企業理念・ビジョン
⑤賃金（給与・昇給可能性）
⑥教育研修制度
⑦社風
⑧事業の特徴
⑨従業員に必要な資格・要件
⑩職種と業務内容（仕事内容が自分の志望と一致するか）
⑪勤務条件（勤務時間，転勤可能性）
⑫福利厚生

情報収集の方法としては，企業ホームページや就職情報サイトなどのインターネットによる収集，企業説明会・セミナーへの参加，OB・OG訪問，書籍・雑誌，大学就職課（キャリアセンター）などからの収集が挙げられます。日頃から新聞，業界誌に目をとおすようにすることも必要です。

●職業能力評価基準

「職業能力評価基準」とは日本の「職業能力評価制度」の中心をなす公的な職業能力基準として，2002年より厚生労働省が整備を進めている評価システムです。仕事を遂行するために必要な「知識」と「技術・技能」に加えて「成果につながる職務遂行能力」を業種，業界，職務別に整理したものです。

職業能力評価基準は，企業調査を通じた職務分析に基づき作成されており，業界の人材ニーズを踏まえた内容となっています。これまでに53業種（272職種）が完成しています（平成27年5月現在）。自身のキャリア形成や能力開発のためのアクションプランの作成，人材育成カリキュラムの作成，採用の際の判断基準など，企業と従業員のニーズに応じた幅広い多彩な活用が期待されています。

職業能力評価基準の構成（中央職業能力開発協会）
①仕事の内容を「職種」⇒「職務」⇒「能力ユニット」⇒「能力細目」という単位で細分化し，必要な能力の自由な組み合わせが可能になっています。
②企業において期待される役割に着目して，新入社員・担当者相当から部長・部門長相当までを4つのレベルを設定しています。

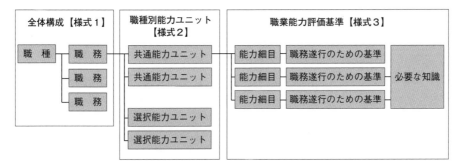

図 5-19　職業能力評価基準の枠組み（中央職業能力開発協会）

表 5-10　事務系職種のレベル区分（例）（中央職業能力開発協会）

レベル	レベル 1	レベル 2	レベル 3	レベル 4
キャリアパス	スタッフ	シニア・スタッフ	スペシャリスト マネジャー	シニア・スペシャリスト シニア・マネジャー
レベル区分の目安	担当者として上司の指示，助言を踏まえて定例的行っるを確実に遂行するために必要な能力水準。	グループやチームの中心メンバーとして，創意工夫を凝らして自主的な判断，改善，提案を行いながら業務を遂行するために必要な能力水準	中小規模組織の責任者もしくは高度専門職・熟練者として，上位方針を踏まえて管理運営，計画作成，業務遂行，問題解決等を行い，企業利益を創出する業務遂行するために必要な能力水準	大規模組織の責任者もしくは最高度の専門職・熟練者として，広範かつ総合的な判断及び意思決定を行い，企業利益を先導・創造する業務を遂行するために必要な能力水準

職業能力評価基準を活用しよう　ワーク

　職業能力評価基準のデータは中央職業能力開発協会のホームページから無料でダウンロードできます。
　https://www.hyouka.javada.or.jp/user/index.html
　自分の興味のある「業種」または「仕事」から選択してダウンロードし，仕事に必要な能力基準をレベル区分ごとに調べてみましょう。気がついたことを記入し，話し合ってみましょう。

検索した業種・仕事：
気がついたこと

【記入日：　　　　年　　月　　日】

トピック　アンペイドワーク「見えない仕事」を考える

　アンペイドワークとは，無償労働と訳され，賃金，報酬が支払われない労働，活動を意味します。内閣府（旧経済企画庁）では，無償労働についての貨幣評価額を推計していますが，同推計では，無償労働の範囲は，サービスを提供する主体とそのサービスを享受する主体が分離可能で，かつ市場でそのサービスが提供されうる行動とされ，具体的には，家事，介護・看護，育児，買物，社会的行動を無償労働の範囲としています（内閣府）。

　図 5-20 のように，私たちの生活を支える仕事は，収入を得るための仕事（ペイドワーク）とそれ以外の仕事（アンペイドワーク）に分けて考えることができます。経済的自立の基礎となるのは，職業に就き，収入を得て生活するためのペイドワークですが，私たちが，毎日快適な生活を送るためには，家事労働や，PTA 活動，環境保護のような地域ボランティア活動などのアンペイドワークも不可欠であることを忘れてはなりません。

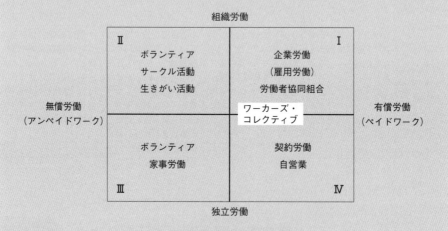

図 5-20　多様な仕事（野川, 2003）

(5) キャリアをデザインする

自分の未来をデザインする [17]　ワーク

①キャリアデザイン・シートを活用して，5つの役割活動「仕事」「学習」「家庭」「社会的・地域的活動」「趣味・レジャー」から，自分自身の未来の「ありたい姿・理想像」を表現しましょう。10年後，5年後，3年後の順番にイメージしてください。

②①を実現するための課題，行動計画を逆算し，1年後から3年後まで記入してください。

※優先度の高い課題を3つ選択し，「何を」「いつまでに」「どのように」「どの程度」行動するかを明確化してください。

（社会人基礎力の「強み・弱み・課題の明確化」（pp.147-148）の結果を参考にしてもよいでしょう。）

★シートに書き込むことが最終目的ではありません。作成しながら，自分と自分を取りまく環境を客観的に見つめ，今後のキャリアにおける選択や目標達成のために，どのような行動をすればよいのかを考えることが目的です。

---

17) このワークは「統合的生涯計画（Integrative Life Planning）」の提唱者，ハンセン（Hansen, 1997）の考え方を基にしています。ハンセンは，意味のある人生を送るためには「仕事」「学習」「余暇（趣味，ボランティア）」「愛（家庭，子育て）」の人生役割をうまく組み合わせて統合していく必要があると説明しています。

私（名前：　　　　　　　　）の 10 年後の"ありたい姿"

役割活動	どのように活動しているか・どのような役割を果たしているか
仕　事	
学　習	
家　庭	
社会的・地域的活動	
趣味・レジャー	

【記入日：　　　年　月　日】

4. キャリア・デザイン　165

私（名前：　　　　　　　　）の5年後の"ありたい姿"

役割活動	どのように活動しているか・どのような役割を果たしているか
仕　事	
学　習	
家　庭	
社会的・地域的活動	
趣味・レジャー	

【記入日：　　　年　月　日】

私（名前：　　　　　　　　）の3年後の"ありたい姿"

役割活動	どのように活動しているか・どのような役割を果たしているか
仕　事	
学　習	
家　庭	
社会的・地域的活動	
趣味・レジャー	

【記入日：　　　年　　月　　日】

1年後（　　　　）年（　　）月までの課題・行動計画

1	課題	
	行動計画　※「何を」「いつまでに」「どのように」「どの程度」	
2	課題	
	行動計画　※「何を」「いつまでに」「どのように」「どの程度」	
3	課題	
	行動計画　※「何を」「いつまでに」「どのように」「どの程度」	

【記入日：　　　　年　　月　　日】

2年後（　　　　）年（　　）月までの課題・行動計画

1	**課題** **行動計画**　※「何を」「いつまでに」「どのように」「どの程度」
2	**課題** **行動計画**　※「何を」「いつまでに」「どのように」「どの程度」
3	**課題** **行動計画**　※「何を」「いつまでに」「どのように」「どの程度」

【記入日：　　　　年　　月　　日】

3年後（　　　　）年（　　）月までの課題・行動計画

1	**課題**
	行動計画　※「何を」「いつまでに」「どのように」「どの程度」
2	**課題**
	行動計画　※「何を」「いつまでに」「どのように」「どの程度」
3	**課題**
	行動計画　※「何を」「いつまでに」「どのように」「どの程度」

【記入日：　　　　年　　月　　日】

トピック　問題・課題解決のスキルを磨こう

　クランボルツ（Krumboltz, 1979）は，課題解決の方法と意思決定のモデルを提唱しています。表 5-11 のように 7 つのステップで問題・課題を解決する方法です。

　このモデルは，キャリア・カウンセリング[18]の場面で，何らかの問題や悩みを抱えている相談者の課題解決をサポートするために，カウンセラーが身につけておくべきスキルとして考えられたモデルです。

　ここでは，クランボルツのモデルを基に，自分自身で問題・課題解決に取り組み，乗り越えていくための方法を考えてみましょう。

表 5-11　課題解決と意思決定

クランボルツの課題解決アプローチ	自分で自分の問題・課題を解決する方法
①解決すべき課題を明確化する，選択可能な選択肢を挙げる ②解決のための具体的な行動計画を立てる ③価値基準（大切にしたいこと）を明確化する	**ステップ①**　自分の問題・課題を整理する ・問題・課題リストをつくる ・問題・課題の優先順位を考える
④他に考え得る代替案を挙げる ⑤それぞれの代替案の予測される結果について考える ⑥さらに情報収集を行い，代替案を絞り込む	**ステップ②**　解決策を決定する ・解決策を"できるだけ多く"考える ・解決策を絞る
⑦代替案を実行に移し，具体的に行動する	**ステップ③**　行動計画を立て，具体的に行動する

実行のためのポイント

ステップ①

　優先順位がつけられないとき，やることがたくさんあって，どうにもならないと感じているときは，冷静になって"緊急度・重要度の 2 軸"（図 5-21）で問題・課題を整理することも効果的です。

ステップ②

　解決のためのアイディアは，はじめから絞り込まず，できるだけ多く出していくようにします。

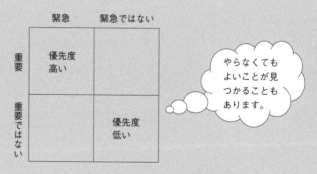

図 5-21　問題・課題の整理

---

18) キャリア・カウンセリングとは，その個人にとって望ましい，納得した，意味のあるキャリア（仕事・生活・人生）を実現していくプロセスを支援することです。

解決策を絞り込むときには,「効果性」と「コスト（労力・時間・お金）」のバランスを考えてみるのが有効です。
ステップ③
　行動計画を立てるときは,「何を」「いつまでに」「どのように」「どの程度」を明確化することが重要です。行動計画は手帳や携帯端末などを活用し,もち歩いていつでも確認できるようにしておくと効果的です。

文　献

【はじめに】
経済産業省　2015　我が国経済産業を取り巻く環境変化と必要な人材像について（資料）

【第1章】
Maslow, A. H.　1971　*The farther reaches of human nature*. New York: Viking Press.（上田吉一（訳）　1973　人間性の最高価値　誠信書房）
Bowlby, J.　1969　*Attachment and loss*, Vol. 1. *Attachment*. London: Hogarth Press.（黒田実郎・大羽　蓁・岡田洋子（訳）　1976　母子関係の理論Ⅰ　愛着行動　岩崎学術出版社）
独立行政法人労働政策研究・研修機構　2011　仕事能力把握に向けた新たなアプローチ─研究開発の動向，評価の現状，職務の共通性からの検討─
Duncker, K.　1935　*Zur Psychologie des produktiven Denkens*. Berlin: Verlag von Julius Springer.（小見山栄一（訳）　1952　問題解決の心理─思考の実験心理学─　金子書房）
江口恵子　1966　依存性の研究（文献総覧）　教育心理学研究, 14, 45-58.
Erikson, E. H.　1959　*Identity and the life cycle: Selected papers of E. H. Erikson*. New York: International University Press.（西平　直・中島由恵（訳）　2011　アイデンティティとライフサイクル　誠信書房）
福島朋子　1997　成人における自立観：概念構造と性差・年齢差　仙台白百合女子大学紀要創刊号, 15-26.
Gilligan, C.　1982　*In a different voice: Psychological theory and women's development*. Harvard University Press.（岩男寿美子監訳　1986　もうひとつの声─男女の道徳観のちがいと女性のアイデンティティ─　川島書店）
Guilford, J. P.　1950　Creativity. *American Psychologist*, 5, 444-454.
学術図書出版社　2011　文部科学省検定済教科書　中学校国語2
石田衣良　2009　大人になるということ。PHP研究所
岩室秀典　2011　ニート・ひきこもりの方への支援に向けて　三菱UFJリサーチ&コンサルティング株式会社　〈http://www.murc.jp/politics_c1/search/2011/top_search/12.html〉
Jones, G., & Wallace, C.　1992　*Youth, family and citizenship*. Milton Keynes, GB: Open University Press.（宮本みち子（監訳）　1996　若者はなぜ大人になれないのか　新評論）
経済産業省　2006　社会人基礎力に関する研究会─中間とりまとめ
経済産業省　2010　産学人材育成パートナーシップ　グローバル人材育成委員会報告書─産学官でグローバル人材の育成を─〈http://www.meti.go.jp/policy/economy/jinzai/san_gaku_ps/2010globalhoukokusho.pdf〉
経済産業省・文部科学省　2012　産学協働人材育成円卓会議，アクションプランの概要（H24.5.7. 決定）
金融広報中央委員会　ウェブサイト〈http://www.saveinfo.or.jp/about/index.html〉
髙坂康雅・戸田弘二　2003　青年期における心理的自立Ⅰ─「心理的自立」概念の検討─　北海道教育大学教育実践総合センター紀要, 4, 135-144.
髙坂康雅・戸田弘二　2006　青年期における心理的自立Ⅱ─心理的自立尺度の作成─　北海道教育大学紀要, **56**(2), 17-30.
厚生労働省　2004　若年者の就職能力に関する実態調査結果
厚生労働省　2009　若年者雇用実態調査
厚生労働省　2011　平成23年版労働経済の分析（平成23年7月8日閣議配布）
文部科学省　2008　平成20年度子どもの学習費調査
文部科学省　2011　中央教育審議会　答申「今後の学校におけるキャリア教育・職業教育の在り方について」
内閣府　2003　人間力戦略研究会人間力戦略研究会報告書「若者に夢と目標を抱かせ，意欲を高める～信頼と連携の社会システム～」
内閣府　2011　平成23年版子ども・若者白書
大石美加・松永しのぶ　2008　大学生の自立の構造と実態─自立尺度の作成─　日本家政学会誌, **59**(7), 461-469.
高橋恵子　1968a　依存性の発達的研究Ⅰ─大学生女子の依存性─　教育心理学研究, **16**, 7-16.
高橋恵子　1968b　依存性の発達的研究Ⅱ─大学生との比較における高校生女子の依存性─　教育心理学研究, **16**, 216-226.
高橋恵子　2010　人間関係の心理学─愛情のネットワークの生涯発達─　東京大学出版会
佐方哲彦　2006　人格形成と精神的健康　中西信夫・三川俊樹（編）　新教職課程の教育心理学［第3版］　ナカニシヤ出版　pp.62-67.

Sears, R. R., Maccoby, E. E., & Levin, H. 1957 *Patterns of child rearing.* Evanston, IL: Row, Peterson.
総務省 2009 平成21年家計調査年報（二人以上世帯の勤労者世帯）
社団法人日本経済団体連合会 2004 21世紀を生き抜く次世代育成のための提言―「多様性」「競争」「評価」を基本にさらなる改革の推進を―
社団法人日本経済団体連合会 2011 2011年人事・労務に関するトップ・マネジメント調査結果の概要
友松篤信 2012 グローバルキャリア教育 ナカニシヤ出版

【第2章】

Adams, J. S. 1965 Inequity in social exchange. In L. Berkwitz (Ed.), *Advances in experimental social psychology.* Vol. 2. New York: Academic Press. pp.267-299.
Alderfer, C. P. 1972 *Existence, relatedness and growth: Human needs in organizational settings.* New York: The Free Press.
Atkinson, J. W. 1957 Motivational determinants of risk-taking behavior. *Psychological Review,* **64**, 359-372.
馬場昌雄・馬場房子（監修） 岡村一成・小野公一（編） 2005 産業・組織心理学 白桃書房
Bandura, A. 1995 *Self-efficacy in changing societies.* New York: Cambridge University Press.（本明 寛・野口京子（監訳） 1997 激動社会の中の自己効力 金子書房）
Festinger, L. 1957 *A theory of cognitive dissonance.* Evanston, IL: Row, Peterson.（末永俊郎（監訳） 1965 認知的不協和の理論 誠信書房）
Heron, W. 1957 The pathology of boredom. *Scientific American,* **196**, 52-69.
Herzberg, F. 1966 *Work and the nature of man.* Cleveland, OH: World Publishing.（北野利信（訳） 1968 仕事と人間性 東洋経済新報社）
Herzberg, F., Mausner, B., & Snyderman, B. B. 1959 *The motivation to work.* New York: John Wiley and Sons.
堀野 緑・森 和代 1991 抑うつとソーシャルサポートとの関連に介在する達成動機の要因 教育心理学研究, **39**, 308-315.
角山 剛 2006 モチベーション・マネジメント 海保博之（監修）・古川久敬（編） 産業織心理学 朝倉心理学講座13 朝倉書店 pp.34-54.
厚生労働省 2012 職場のいじめ・嫌がらせ問題に関する円卓会議 ワーキング・グループ報告 参考資料集 〈http://www.mhlw.go.jp/stf/shingi/2r98520000021hkd-att/2r98520000021ien.pdf〉
Latham, G. P. 2007 *Work motivation: History, theory, research, and practice.* Thousand Oaks, CA: Sage Publications.（金井壽宏（監訳）・依田卓巳（訳） 2009 ワーク・モチベーション NTT出版）
Leventhal, G. S. 1980 What should be done with equity theory?: New approaches to the study of fairness in social relationship. In K. J. Gergen, M. S. Greenberg, & R. H. Willis (Eds.), *Social exchange: advances in theory and research.* New York: Plenum. pp.27-53.
Lewin, K. 1951 *Field theory of social science.* New York: Harper & Brothers.（猪俣佐登留（訳） 1956 社会科学における場の理論 誠信書房）
Locke, E. A. 1976 The nature and causes of job satisfaction. In M. D. Dunette (Ed.), *Handbook of industrial and organizational psychology.* Chicago, IL: Rand McNally. pp.1297-1349.
Locke, E. A. & Latham, G. P. 1984 *Goal setting: A motivational techniqe that works!* Englewood Cliffs, NJ: Prentice-Hall.（松井賚夫・角山 剛（訳） 1984 目標が人を動かす―効果的な意欲づけの技法 ダイヤモンド社）
Locke, E. A., & Latham, G. P. 1990 *A theory of goal setting and task performance.* Englewood Cliffs, NJ: Prentice Hall.
Maslow, A. H. 1943 A theory of human motivation. *Psychological Review,* **50**, 370-396.
Maslow, A. H. 1954 *Motivation and personality.* 2nd ed. New York: Harper & Row.（小口忠彦（監訳） 1971 人間性の心理学 産業能率大学出版部）
松井賚夫・都築幸恵・角山 剛 2010 "Three Good Things"が生保営業員の職務コミットメントに与える影響―異常に多い早期離職者対策― 産業・組織心理学会第26回大会発表論集, 49-52.
Mayo, G. E. 1933 *The human problems of an industrial civilization.* New York: Macmillan.（村本栄一（訳） 1967 産業文明における人間問題―ホーソン実験とその展開 日本能率協会）
McClelland, D. C. 1961 *The achieving society.* Princeton, NJ: Van Nostrand.（林 保（監訳） 1971 達成動機―企業と経済発展におよぼす影響― 産業能率短期大学出版部）
McGregor, D. M. 1960 *The human side of enterprise.* New York: McGraw-Hill.（高橋達男（訳） 1966 企業の人間的側面 産業能率短期大学）
Murray, H. A. 1938 *Explorations in personality: A clinical and experimental study of fifty men of college age.* New York: Oxford University Press.（外林大作（訳） 1961 パーソナリティーⅠ 誠信書房）
小野公一 2005 動機づけと職務態度 馬場昌雄・馬場房子（監修） 岡村一成・小野公一（編集） 産業・組織心理学 白桃書房 pp.45-74.

Pinder, C. C. 1998 *Work motivation in organizational behavior.* Upper Saddle River, NJ: Prentice-Hall.
Porter, L. W., & Lawler, E. E. 1968 *Managerial attitude and performance.* Homewood, IL: Richard D. Irwin.
Ryan, R. M., & Deci, E. L. 2000 Self-determination theory and the facilitation of intrinsic motivation, social development, and well-being. *American Psychologist*, **55**, 68-78.
櫻井研司・ジェックス, S. M.・ギレスピー, M. A. 2011 同僚からの職場無作法がネガティブ感情および職務満足感・職務逃避行動に及ぼす影響 産業・組織心理学研究, **25**(1), 13-23.
Schein, E. H. 1980 *Organizational psychology.* 3rd ed. Englewood Cliffs, NJ: Prentice-Hall.(松井賓夫(訳) 1981 組織心理学 岩波書店)
白樫三四郎 2011 V・H・ヴルームの履歴,業績,および思い出 大阪経大論集, **61**(6) (通号 321), 133-146.
高橋弘司 1999 態度の測定(Ⅰ):職務満足 渡辺直登・野口裕之(編著) 組織心理測定論―項目反応理論のフロンティア― 白桃書房 pp.107-130.
Taylor, F. W. 1911 *The principles of scientific management.* New York: Harper & Brothers.(上野陽一(訳) 1969 科学的管理法 産業能率短期大学出版部)
Vroom, V. H. 1964 *Work and motivation.* New York: Wiley.(坂下昭宣(訳) 1982 仕事とモチベーション 千倉書房)
Weiss, D. J., Davis, R. V., England, G. W., & Lofquist, L. H. 1967 *Manual for the Minnesota Satisfaction Questionnaire* (Minnesota Studies in Vocational Rehabilitation, No.22). University of Minnesota, Minneapolis.

【第3章】

東 俊之 2005 変革型リーダーシップ論の問題点―新たな組織変革行動論に向けて― 京都産業大学マネジメント研究会 京都マネジメント・レビュー, **8**, 125-144.
Bass, B. M. 1998 *Transformational leadership: Industry, military, and educational impact.* Mahwah, NJ: Lawrence Erlbaum Associates.
Barnard, C. I. 1938 *The functions of the executive.* Cambridge, MA: Harvard University Press.(山本安次郎・田杉 競・飯野春樹(訳) 1968 新訳 経営者の役割 ダイヤモンド社)
Blake, R. R., & Mouton, J. S. 1964 *The managerial grid.* Houston, TX: Gulf.
Fieldler, F. E. 1967 *A theory of leadership effectiveness.* New York: McGraw-Hill.(上野一郎(監訳) 1965 期待される管理者像 産業能率短期大学)
Fiedler, F. E., Chemers, M. M., & Mahar, L. 1976 *Improving leadership effectiveness: The leader match concept.* New York: Wiley.(山本安次郎・田杉 競・飯野春樹(訳) 1968 新訳 経営者の役割 ダイヤモンド社)
French, J. R. P., Jr., & Raven, B. H. 1959 The bases of social power. In D. Cartwright (Ed.), *Studies in social power.* Ann Arbor, MI: Institute for Social Research, University of Michigan. pp.150-167.(水原泰介(訳) 1962 社会的勢力の基盤 千輪 浩(監訳) 社会的勢力 誠信書房 pp.193-217.)
淵上克義 2002 リーダーシップの社会心理学 ナカニシヤ出版
Hersey, P., & Blanchard, K. H. 1977 *Management of organizational behavior.* Englewood Cliffs, NJ: Prentice-Hall.(山本成二・水野 基・成田 攻(訳) 1978 行動科学の展開・人的資源の活用 生産性出版)
古川久敬 1998 基軸づくり―創造と変革のリーダーシップ― 富士通経営研修所
古川久敬 2003 新版 基軸づくり―創造と変革を生むリーダーシップ― 日本能率協会マネジメントセンター
古川久敬 2005 リーダーシップの効果性 馬場昌雄・馬場房子(監修) 産業・組織心理学 白桃書房 pp.168-176.
池田 浩・古川久敬 2005 リーダーの自信に関する研究―自信測定尺度の開発およびマネジメント志向性との関連性― 実験社会心理学研究, **44**(2), 145-156.
池田 浩・古川久敬 2006 組織におけるリーダーの自信の源泉 心理学研究, **77**(1), 62-68.
今井芳昭 2010 影響力―その効果と威力― 光文社
金井壽宏 1989 変革型リーダーシップ論の展望 神戸大学経営学部研究年報, **35**, 143-276.
金井壽宏 2005 リーダーシップ入門 日本経済新聞出版社
Kerr, S., & Jermier, J. M. 1978 Substitutes for leadership: Their meaning and measurement. *Organizational Behavior and Human Performance*, **22**, 375-403.
桐村晋次 2008 人事マン入門 日本経済新聞出版社
Kotter, J. P. 1996 *Leading change: An action plan from the world's foremost expert on business leadership.* Boston, MA: Harvard Business School Press.(梅津祐良(訳) 2002 企業変革力 日経BP社)
Lewin, K. 1951 *Field theory in social science.* New York: Harper & Brothers.
Manz, C. C., & Sims, H. P., Jr. 1989 *Superleadership: Leading others to lead themselves.* New York: Prentice Hall.
三隅二不二 1984 リーダーシップ行動の科学 改訂版 有斐閣
宮端清次 2008 リーダーはろうそくになれ 月刊致知 致知出版社 p.48.
大島 洋 2010 管理職の心得 ダイヤモンド社
Raven, B. H. 1965 Social influence and power. In I. D. Steiner, & M. Fishbein (Eds.), *Current studies in social*

psychology. New York: Hold, Rinehart, Winston.

白樫三四郎　1991　管理・監督者の職務ストレス－条件即応モデル的分析　組織科学, **25**, 42-51.

スタンフォード大学ホームページ〈http://news.stanford.edu/news/2005/june15/jobs-061505.html〉

Stogdill, R. M.　1948　Personal factors associated with leadership: A survey of the literature. *Journal Psychology*, **25**, 35-71.

Stogdill, R. M.　1974　*Handbook of leadership: A survey of theory and research.* New York: Free Press.

社団法人日本経済団体連合会　2006　主体的なキャリア形成の必要性と支援のあり方―組織と個人の視点のマッチング―

田尾雅夫　2004　組織の心理学　有斐閣

White, R., & Lippitt, R.　1960　Leader behavior and member reaction in three "social climates." In D. Cartwright, & A. Zander（Eds.）, *Group dynamics.* 2nd ed. New York: Harper. pp.527-553.

山口裕幸　1994　企業組織の活性化過程　斉藤　勇・藤森立男（編）　経営産業心理学パースペクティブ　誠信書房 pp.104-116.

【第4章】

Berkman, L. F., & Syme, S. L.　1979　Social networks, host resistance, and mortality: A nine-year follow-up study of Alameda country residents. *American Journal of Epidemiology*, **109**, 186-204.

Brod, C.　1984　*Technostress.* Reading, MA: Addison-Wesley.（池央　耿・髙見　浩（訳）　1984　テクノストレス　新潮社）

Cooper, C. L., & Marshall, J.　1976　Occupational sources of stress: A review of the literature relating to coronary heart disease and mental ill health. *Journal of Occupational Psychology*, **49**, 11-28.

Friedman, M., & Rosenman, R. H.　1959　Association of specific overt behavior pattern with blood and cardiovascular findings. *Journal of the American Medical Association*, **169**, 1286-1296.

Harrison, R. V.　1978　Person-environment fit and job stress. In C. L. Cooper, & R. Payne（Eds.）, *Stress at work.* New York: Wiley. pp.175-205.

Holmes, T. H., & Rahe, R. H.　1967　The Social Readjustment Rating scale. *Journal of Psychosomatic Research*, **11**, 213-218.

House, J. S.　1981　*Work stress and social support.* Reading, MA: Addison Wesley.

Hurrell, J. J., & McLaney, M. M.　1988　Exposure to job stress: A new psychometric instrument. *Scandinavian Journal of Work and Environmental Health*, **14**, 27-28.

岩佐　一・権藤恭之・増井幸恵・稲垣宏樹・河合千恵子・大塚理加・小川まどか・高山　緑・藺牟田洋美・鈴木隆雄　2007　日本語版「ソーシャルサポート尺度」の信頼性ならびに妥当性―中高年を対象とした検討―　厚生の指標, **54**(6), 26-33.

Kahn, R. L., & Antonucci, T. C.　1980　Convoys over the life course: Attachment, roles, and social support. In P. B. Baltes, & O. Brim（Eds.）, *Life-span development and behavior.* New York: Academic Press. pp.253-286.

神村栄一・海老原由香・佐藤健二・戸ヶ崎泰子・坂野雄二　1995　対処方略の三次元モデルの検討と新しい尺度（TAC-24）の作成　教育相談研究, **33**, 41-47.

金光義弘・清水光弘・森本寛訓・三野節子・下山育子　2005　職業性ストレスに対する健康心理学的接近―認知と対処, 仕事の裁量度, およびメンタリングを変数として　川崎医療福祉学会誌, **15**(1), 13-23.

Karasek, R.　1979　Job demand, job decision latitude, and mental strain: Implications for job redesign. *Administrative Science Quarterly*, **24**, 285-308.

Karasek, R., & Theorell, T.　1990　*Healthy work: Stress, productivity, and the reconstructing of work life.* New York: Basic Books.

川上憲人・原谷隆史　1999　職場のストレス対策・第2回職業性ストレスの健康影響　産業医学ジャーナル, **22**(5), 51.

厚生労働省　2005a　平成14年度-16年度　総合研究報告書　厚生労働科学研究費補助金労働安全衛生総合研究事業　「職場環境等の改善等によるメンタルヘルス対策に関する研究」〈http://www.tmu-ph.ac/pdf/090716_03.pdf#search='平成16年度厚生労働科学研究費補助金労働安全衛生総合研究事業'〉

厚生労働省　2005b　平成16年度厚生労働科学研究費補助金労働安全衛生総合研究事業「職場環境等の改善等によるメンタルヘルス対策に関する研究」職場環境改善のためのヒント集（アクションチェックリスト）職場環境改善のためのヒント集（メンタルヘルスアクションチェックリスト）項目一覧表　ダウンロードのページ〈http://mental.m.u-tokyo.ac.jp/jstress/ACL/職場環境等の改善マニュアル.doc〉

厚生労働省　2006　労働者の心の健康の保持増進のための指針

厚生労働省　2008a　平成19年労働者健康状況調査結果の概況

厚生労働省　2008b　厚生労働科学研究費補助金労働安全衛生総合研究事業　平成17年度-19年度　総合研究報告書「職業性ストレス簡易調査票及び労働者疲労蓄積自己診断チェックリストの職種に応じた活用法に関する研究」

〈http://www.tmu-ph.ac/pdf/H17H19report.pdf#search='労働安全衛生総合研究事業，2008'〉
厚生労働省　2009a　精神保健医療福祉の更なる改革に向けて（今後の精神保健医療福祉のあり方等に関する検討会報告書）
厚生労働省　2009b　平成20年技術革新と労働に関する実態調査結果の概況
厚生労働省　2009c　平成21年度こころの健康科学研究事業　精神療法の実施方法と有効性に関する研究
厚生労働省　2010　自殺・うつ病等対策プロジェクトチーム報告
厚生労働省　2014a　平成25年（2013年）労働安全衛生調査
厚生労働省　2014b　職場におけるメンタルヘルス対策の推進について
厚生労働省　2015　平成26年度過労死等の労災補償状況
厚生労働省・独立行政法人労働者健康福祉機構　2013　職場におけるこころの健康づくり―労働者のための心の健康の保持増進のための指針
小杉正太郎　2002　ストレス研究の幕開け　小杉正太郎（編著）　ストレス心理学　川島書店　pp.5-29.
Lazarus, R. S.　1966　*Psychological stress and the coping process*. New York: McGraw-Hill.
Lazarus, R. S.　1990　*Measuring stress to predict health outcome*. New York: John Wiley.（林峻一郎（編訳）　1990　ストレスとコーピング―ラザルス理論への招待　星和書店）
Lazarus, R. S., & Folkman, S.　1984　*Stress, appraisal, and coping*. New York: Springer.（本明　寛・春木　豊・織田正美（監訳）　1991　ストレスの心理学―認知的評価と対処の研究　実務教育出版）
ルイス, M.・高橋惠子（編）・高橋惠子（監訳）　2007　愛着からソーシャル・ネットワークへ　発達心理学の新展開　新曜社
前田　聰　1985　虚血性心疾患患者の行動パターン―簡易質問紙法による検討　心身医学, **25**, 298-306.
NHK文化放送研究所　2011　2010年国民時間調査報告〈http://www.nhk.or.jp/bunken/summary/yoron/lifetime/pdf/110223.pdf#search='NHK国民生活時間調査'〉
長田洋和・上野里絵　2005　ネット中毒をめぐって―Internet Addiction Test IAT日本語版について　アディクションと家族, **22**, 41-147.
Selye, H.　1936　A syndrome produced by diverse nocuous agents. *Nature*, **138**, 32.
Siegrist, J.　1996　Adverse health effects of high-effort/low-reward conditions. *Journal of Occupational Health Psychology*, **1**(1), 27-41.
田尾雅夫　2004　組織の心理学（新版）　有斐閣
高橋惠子　2007　愛着からソーシャル・ネットワークへ　ルイス, M.・高橋惠子（編）　高橋惠子（監訳）　発達心理学の新展開　新曜社
鄭　艶花　2007　日本の大学生のインターネット依存傾向尺度作成の試み　心理臨床学研究, **25**(1), 102-107.
渡辺直登　1999　ストレスの測定：組織ストレス　渡辺直登・野口裕之（編著）　組織心理測定論―項目反応理論のフロンティア―　白桃書房　pp.155-158.
Wheaton, B.　1996　The domains and boundaries of stress concept. In H. B. Kaplan（Ed.）, *Psychosocial stress: Perspectives on structure, theory, life-course, and method*. San Diego, CA: Academic Press. pp.29-70.
Yerkes, R. M., & Dodson, J. D.　1908　The relation of strength of stimulus to rapidity of habit-formation. *Journal of Comparative Neurology and Psychology*, **18**, 459-482.

【第5章】
Bridges, W.　1980　*Transitions: Making sense of life's change*. Reading, MA: Addison-Wesley.（倉光　修・小林哲朗（訳）　1994　トランジション：人生の転機　創元社）
独立行政法人労働政策研究・研修機構　2010　若年求職者の適性評価―キャリア・インサイトの利用記録を用いて―〈http://www.jil.go.jp/institute/chosa/2010/documents/073.pdf〉
独立行政法人労働政策研究・研修機構　VPI職業興味検査（Vocational Preference Inventory：VPI）〈http://www.jil.go.jp/institute/seika/tools/VPI.htm〉
独立行政法人労働政策研究・研修機構　第4回改定厚生労働省編職業分類　（2011年6月改定）〈http://www.jil.go.jp/institute/seika/shokugyo/index.htm〉
江口圭一・戸梶亜紀彦　2010　労働価値観測定尺度の開発　産業・組織心理学研究, **23**(2), 145-154.
Hall, D. T.　1976　*Careers in organizations*. Santa Monica, CA: Goodyear Publishing.
Hall, D. T.　2002　*Careers in and out of organizations*. Thousand Oaks, CA: Sage Publications.
Hansen, L. S.　1997　*Integrated life planning: Critical tasks for career development and changing life patterns*. San Francisco, CA: Jossey-Bass.
Havighurst, R. J.　1953　*Developmental tasks and education*. Chicago, IL: Chicago University Press.（荘司雅子（訳）　1958　人間の発達課題と教育　牧書店）
Holland, J. L.　1985　*Making vocational choices: A theory of careers*. 2nd ed. New York: Prentice-Hall.（渡辺三枝子・松本純平・舘　暁夫（共訳）　1990　職業選択の理論　社団法人雇用問題研究会）

金井壽宏　2002　働くひとのためのキャリア・デザイン　PHP研究所
経済産業省　2010　大学生の「社会人観」の把握と「社会人基礎力」の認知度向上実証に関する調査〈http://www.meti.go.jp/policy/kisoryoku/shakaijinkan.pdf#search〉
木村　周　2005　キャリア・カウンセリング―理論と実際，その今日的意義　社団法人雇用問題研究会
桐井久美子・岡田昌毅　2011　仕事の取り組みがキャリア・パースペクティヴに及ぼす影響過程　産業・組織心理学研究，**24**(2)，103-116.
厚生労働省　2002　キャリア形成を支援する労働政策研究会報告書
厚生労働省　2011a　平成23年版労働経済の分析―世代ごとにみた働き方と雇用管理の動向―
厚生労働省　2011b　第4回改定厚生労働省編　職業分類（2011年6月改定）　独立行政法人労働政策研究・研修機構〈http://www.jil.go.jp/institute/seika/shokugyo/bunrui/index.htm〉
厚生労働省　2015　平成26年就業形態の多様化に関する総合実態調査の概況〈http://www.mhlw.go.jp/toukei/itiran/roudou/koyou/keitai/14/index.html〉
厚生労働省労働研修所　2002　職業指導の理論と実際
Krumboltz, J. D.　1979　*A social learning theory of career decision making*. In A. M. Mitchell, G. B. Jones, & J. D. Krumboltz (Eds.), *Social learning and career decision making*. Cranston, RI: Carroll Press.
Krumboltz, J. D., & Levin, A. S.　2004　*Luck is no accident*. Atascadero, CA: Impact Publishers.（花田光世・大木紀子・宮地夕紀子（訳）2005　その幸運は偶然ではないんです！　ダイヤモンド社）
Levinson, D. J.　1978　*The seasons of a man's life*. New York: The Sterling Lord Agency.（南　博（訳）1992　ライフサイクルの心理学　上・下　講談社）
Luft, J., & Ingham, H.　1955　*The Johari Window: A graphic model for interpersonal relations*. Los Angels, CA: University of California Western Training Lab.
益田　勉　2008　キャリア・アダプタビリティと組織内キャリア発達」人間科学研究（文教大学人間科学部），**30**，67-78.
益田　勉　2010　キャリア・アダプタビリティと転職の意志」生活科学研究，**32**，13-25.
Mitchell, K. E., Levin, A. S., & Krumboltz, J. D.　1999　Planned happenstance: Constructing unexpected career oppotunities. *Journal of Counseling and Development*, **77**, 115-124.
文部科学省　2004　キャリア教育の推進に関する総合的調査研究協力者会議報告書―児童生徒一人一人の勤労観，職業観を育てるために―
内閣府　2011　男女共同参画白書平成23年版〈http://www.gender.go.jp/whitepaper/h23/zentai/html/zuhyo/index.html〉
中西信男　1986　D. E. スーパー「キャリア心理学における発展」講演要旨　日本進路指導学会研究紀要，**7**，34-41.
Nevill, D. D., & Super, D. E.　1986　*The values scale manual: Theory, application, and research*. Palo Alto, CA: Consulting Psychologists Press.
野川　忍　2003　アンペイド・ワーク論の再検討　ジュリスト　2003年1月1-15日号（No.1237）
Parsons, F.　1909　*Choosing a vocation*. Boston, MA: Houghton Mifflin.
坂柳恒夫　2007　キャリア・カウンセリングの概念と理論　愛知教育大学研究報告（教育科学編），**56**，77-85.
Savickas, M. L. (2002). Career construction: Adevelopmental theory of vocational behavior. In D. Brown & associates, *Career Choice and Development* (4th ed.) pp.149-205　San Fransisco: Jossey Bass.
Savickas, M. L., & Porfeli, E. J. (2012). Career Adapt-Abilities Scale: Construction, reliability and measurement equivalence across 13 countries. *Journal of Vocational Behaviour*, **80**, 661-673.
Schein, E. H.　1978　*Career dynamics: matching individual and organizational needs*. Reading, MA: Addison-Wesley.（二村敏子・三善勝代（訳）1991　キャリア・ダイナミクス―キャリアとは，生涯を通しての人間の生き方・表現である。　白桃書房）
Schlossberg, N. K.　1981　A model for analyzing human adaptation to transitions. *The Counseling Psychologist*, **9**, 2-18.
社団法人日本産業カウンセラー協会　2004　キャリア・コンサルティングの知識とスキル
島津明人　2015　産業保健と経営の協働に向けて：ワーク・エンゲイジメントの視点から　産業・組織心理学研究，**28**(2)，103-110.
下村英雄　2009　成人キャリア発達とキャリアガイダンス―ライフライン法の予備的分析を中心とした検討　独立行政法人労働政策研究・研修機構
総務省統計局　2007　日本標準産業分類（平成19年11月改定）〈http://www.stat.go.jp/index/seido/sangyo/19index.htm〉
総務省統計局　2012　労働力調査（基本集計）〈http://www.stat.go.jp/data/roudou/sokuhou/tsuki/pdf/05400.pdf〉
Super, D. E.　1957　*The psychology of careers: An introduction to vocational development*. New York: Harper & Row.（日本進路指導学会（訳）1960　職業生活の心理学　誠信書房）
Super, D. E.　1980　A life-span, life-space approach to career development. *Journal of Vocational Behavior*, **16**, 282-

298.
特定非営利活動法人インディペンデント・コントラクター協会ホームページ〈http://www.npo-ic.org/aboutus/index.html〉
特定非営利活動法人OCP総合研究所ホームページ〈http://npo-ocp.jp/〉
中央職業能力開発協会ホームページ〈https://www.hyouka.javada.or.jp/user/index.html〉
渡辺三枝子・黒川雅之　2002　キャリア・アダプタビリティの測定尺度の開発　筑波大学心理学研究, **24**, 185-197.

人名索引

あ
アージリス（Argyris, C.）　28
東　俊之　76
アダムス（Adams, J. S.）　32, 42, 45
アトキンソン（Atkinson, J. W.）　32, 39, 40
アルダーファ（Alderfer, C. P.）　32, 34
アントヌッチ（Antonucci, T. C.）　91
池田　浩　78, 79
石田衣良　12
井深　大　60
今井芳昭　57
岩佐　一　93
インガム（Ingham, H.）　144
ウィートン（Wheaton, B.）　83
上野里絵　103
ウォーレス（Wallace, C.）　8
ヴルーム（Vroom, V. H.）　32, 46, 47
江口圭一　131
江口恵子　3
エリクソン（Erikson, E. H.）　1
大石美加　4-6
大島　洋　64
岡田昌毅　132
長田洋和　103
小野公一　32
オルポート（Allport, G.）　11

か
カー（Kerr, S.）　74
カーン（Kahn, R. L.）　91
角山　剛　52
金井壽宏　55, 75, 116, 127
金光義弘　108
神村栄一　86
カラセク（Karasek, R.）　107
川上憲人　102
木村　周　117
桐井久美子　132
ギリガン（Gilligan, C.）　1
桐村晋次　58
ギルフォード（Guilford, J. P.）　18
クーパー（Cooper, C. L.）　105
クランボルツ（Krumboltz, J. D.）　134, 137, 170

黒川雅之　132
高坂康雅　11
孔子　12
小杉正太郎　82
コッター（Kotter, J. P.）　76, 77

さ
サイム（Syme, S. L.）　91
佐方哲彦　11, 12
櫻井研司　53
坂柳恒夫　117
サビカス（Savickas, M. L.）　132, 133
シーグリスト（Siegrist, J.）　108
ジェルミエ（Jermier, J. M.）　74
島津明人　156
シムズ（Sims, H. P. Jr.）　77
下村英雄　117
シャイン（Schein, E. H.）　28, 30, 120, 121, 123
シュロスバーグ（Schlossberg, N. K.）　135
ジョーンズ（Jones, G.）　8
ジョブズ（Jobs, S. P.）　60
白樫三四郎　46, 71
スーパー（Super, D. E.）　119, 132, 157
ストッディル（Stogdill, R. M.）　55, 58, 65, 67
セリエ（Selye, H.）　94, 95
セリグマン（Seligman, M. E. P.）　53

た
田尾雅夫　58, 94
高橋恵子　4, 91
高橋弘司　37
チャップリン（Chaplin, C. S. Jr.）　30
鄭　艶花　103
テーラー（Taylor, F. W.）　28, 30
デシ（Deci, E. L.）　25-27
ドゥンカー（Duncker, K.）　18
戸梶亜紀彦　131
戸田弘二　11
ドッドソン（Dodson, J. D.）　94
友松篤信　17

な
ネヴィル（Nevill, D. D.）　119

野川　忍　162

は
バークマン（Berkman, L. F.）　91
ハーシー（Hersey, P.）　73
ハーズバーグ（Herzberg, F.）　28, 32, 35, 36
パーソンズ（Parsons, F.）　159
バーナード（Barnard, C. I.）　61
ハウス（House, J. S.）　91, 92
バス（Bass, B. M.）　75
馬場房子　31
馬場昌雄　31
原谷隆史　102
ハリソン（Harrison, R. V.）　106
ハレル（Hurrell, J. J.）　106
ハンセン（Hansen, L. S.）　163
バンデューラ（Bandura, A.）　32, 49
ピンダー（Pinder, C. C.）　22
フィードラー（Fiedler, F. E.）　70, 71
フェスティンガー（Festinger, L.）　43
フォークマン（Folkman, S.）　85
福島朋子　4, 5
淵上克義　77, 78
ブランチャード（Blanchard, K. H.）　73
フリードマン（Friedman, M.）　84
ブリッジス（Bridges, W.）　126
古川久敬　59, 63, 64, 75, 76, 78, 79
ブレーク（Blake, R. R.）　67, 68
フレンチ（French, J. R. P. Jr.）　56
ブロード（Brod, C.）　103, 104
ヘロン（Heron, W.）　27
ポーター（Porter, L. W.）　46
ポーフェリ（Porfeli, E. J.）　133
ホームズ（Holmes, T. H.）　96
ホール（Hall, D. T.）　116, 117
ホランド（Holland, J. L.）　128-130
堀野　緑　40, 41
ホワイト（White, R.）　66

ま
マーシャル（Marshall, J.）　105
前田　聰　84, 85
マクレガー（McGregor, D. M.）　28, 32-34

マクレニー（McLaney, M. M.）　106
マクレランド（MaClelland, D. C.）　32, 38, 39
益田 勉　132
マズロー（Maslow, A. H.）　12, 28, 32-35
松井賚夫　53
松永しのぶ　4-6
マレー（Murray, H. A.）　38
マンツ（Manz, C. C.）　77
三隅二不二　67-69
ミッチェル（Mitchell, K. E.）　137
南 博　130
宮端清次　60
ムートン（Mouton, J. S.）　67, 68

メイヨー（Mayo, G. E.）　28, 30
森 和代　40, 41

や
ヤーキーズ（Yerkes, R. M.）　94
山口裕幸　75

ら
ライアン（Ryan, R. M.）　25, 26
ラエ（Rahe, R. H.）　96
ラザルス（Lazarus, R. S.）　85, 86, 95-97
リピット（Lippitt, R.）　66
ルフト（Luft, J.）　144
レイヴン（Raven, B. H.）　56, 57
レイサム（Latham, G. P.）　32, 48-50

レヴィン（Levin, A. S.）　134, 137
レヴィン（Lewin, K.）　24, 77
レビンソン（Levinson, D. J.）　130
レブンソール（Leventhal, G. S.）　45
ローゼンマン（Rosenman, R. H.）　84
ローラー（Lawler, E. E.）　46
ロジャーズ（Rogers, C. R.）　12
ロック（Locke, E. A.）　32, 37, 48-50

わ
ワイス（Weiss, D. J.）　37
渡辺直登　102
渡辺三枝子　132

事項索引

あ
アンペイドワーク　162
ERG 理論　34, 35
依存性　3
一般適応症候群　95
因果関係モデル　105
因子分析　4
インディペンデント・コントラクター（独立業務請負人）　154
影響力　56, 60
　　──の源泉　56
A 型傾向判別表　85
X 理論　33, 34
MSQ（Minnesota Satisfaction Questionnaire）　37
LPC 得点　71

か
外発的動機づけ　25
科学的管理法　30
課業　150
拡散的思考　18
課題志向的行動　67
過程理論　32
感覚遮断実験　27
環境変化適応力　132, 133
完全に機能する人間　12
管理職　62, 79
　　──の役割　62
企業組織　61
　　──の階層構造　63

基礎的・汎用的能力　14
期待理論　46, 48
客観的キャリア　117
キャリア　115, 116, 119
　　──・アダプタビリティ　132
　　──・アンカー　124
　　──・デザイン　136
　　──発達　119
　　──をデザインする　163
業界　159
強制（罰）影響力　56
グローバル人材　16, 17
計画された偶然（planned happenstance）　134
経済的自立　3, 7
健康　82
権力欲求　39
高業績サイクルモデル　49
公正理論　42
厚生労働省職業分類　150
行動アプローチ　66
合理的経済人　28
交流型リーダーシップ　75
個人−環境適合モデル（P−E フィットモデル）　106
個人と組織の調和過程　120
雇用者　154
コンピュータ依存　103
コンボイ・モデル（convoy model）　91

さ
産業　150, 151
　　──組織心理学　31
　　──分類　151
事業所　150, 159
事業場外資源によるケア　100
事業場内産業保健スタッフ等によるケア　100
自己概念　119
自己決定理論　25
自己効力感　49
自己コントロール　89
自己実現人　28
自己実現する人間　12
仕事　150
　　──の要求−コントロールモデル　107
自己リーダーシップ　77
　　──理論　77
自動思考　89
社会人基礎力　12, 13, 145
社会的自立　3, 12
就職基礎能力　13
収束的思考　18
主観的キャリア　117
準拠性影響力　56
状況適合アプローチ　70
条件即応モデル　70
情緒的社会人　28
情報影響力　56
職位　150

職業　148, 150
　　——性ストレス　102
　　——選択　159
　　——的発達段階　119
　　——能力評価基準　160
職種　159
　　——分類表　149
職場　62
　　——のいじめ行為　52
　　——のストレス　81, 97
　　——のストレスの原因・分類　101
　　——のメンタルヘルス　81
　　——無作法　53
職務　150
　　——満足　35, 37
ジョハリの窓　144
自立　1, 3
自律性　25
身辺生活の自立　3
心理的ストレス　95
心理的離乳　11
親和欲求　39
ストレス　82, 94
　　——，評価，対処と適応に関する理論モデル　96
　　——対処（ストレス・コーピング）　85
　　——対処方法　86
　　——チェック制度　101
　　——反応　82
ストレッサー　82, 83
"Three Good Things"（3つのいいこと）プログラム　53
生産性　94
成熟した人格　11
精神的・心理的自立　3, 11
正当影響力　56
世界保健機関（WHO）　82
セルフケア　100
専門影響力　56
創造性　18
ソーシャル・サポート（社会的支援）　91
　　——・ネットワーク　91
組織　61
　　——ストレス　102
　　——内キャリア発達段階と課題　121
　　——変革　75
　　　　——のターゲット　76

　　——編成の基本原則　58
た
タイプA行動パターン　84
タスク（業務課題）　58
達成動機　38
　　——測定尺度　40, 41
　　——理論　38, 39
達成欲求　39
調整要因モデル　105
動機づけ　21
　　——-衛生理論　35
統合　62
　　——的生涯計画（Integrative Life Planning）　163
特性アプローチ　65
トランジション（transition）　126
　　——理論　126
努力-報酬不均衡モデル　108

な
内発的動機づけ　25
内容理論　32
日本経済団体連合会　15
日本語版ミネソタ式職務満足感尺度短縮版　37
日本標準産業分類　150
人間関係志向的行動　67
人間関係論　31
人間資源の計画と開発の全過程の基本モデル　121
人間力　12
認知的不協和理論　43

は
パーソナリティ・タイプ　128
媒介要因　82, 83
発達課題　119
パワーハラスメント　51
晩婚　7
PM指導行動測定尺度　69
PM理論　68
非雇用者　154
非婚化　7
ビジョン提示行動　75
非正規雇用　7
人と仕事の適性　157
フィードバック　48
VDT（Video Display Terminal）ストレス　103

VPI職業興味検査（Vocational Preference Inventory）　128
4Sの点検　135
フォロワー　56
　　——シップ　58
複雑人　28
分業　61
米国国立職業安全保険研究所　105
変革型リーダーシップ　64, 75
変革のプロセス　77
報酬（賞）影響力　56
ホーソン研究　30

ま
マネジリアル・グリッド理論　67
無償労働　162
メンタルヘルスケア　100
目標設定理論　48
モチベーション（motivation）　21, 22, 24, 25
　　——管理　28
問題・課題解決のスキル　170

や
有益なストレス（eustres）　81
有害なストレス（distress）　81
欲求階層説　32-35
4つのケア　100

ら
ライフキャリアレインボー　119
ライフサイクル理論　73
ラインによるケア　100, 101
リーダー　55
　　——行動の2次元論　67
　　——シップ　55
　　　——・スタイル　56
　　　——代替論　74
　　——人材　64
　　——の影響力　56
　　——の自信　78
労働価値観　131
　　——尺度　131
六角形モデル　128

わ
ワーク・エンゲイジメント　156
ワーク・モチベーション　21, 25, 30, 32
Y理論　33, 34

【著者紹介】
石橋里美（いしばし・さとみ）
国家資格キャリアコンサルタント・産業カウンセラー
青山学院大学文学部卒業後，大手メーカー営業，人事の経験を経て，信州大学大学院人文科学研究科（地域文化専攻社会心理学領域）修了。
大学（鎌倉女子大学，芝浦工業大学，淑徳大学，東京国際大学，東京未来大学，和洋女子大学他）にて産業・組織心理学，キャリア教育分野の講師を務める。平成26年度より東京都委託職業訓練コース組織マネジメント・モチベーションスキル開発科にてモチベーション・マネジメント講座を担当。
主な著書は『シリーズ心理学と仕事10 社会心理学』（共著・北大路書房，2017），『働く人たちのメンタルヘルス対策と実務―実践と応用』（共著・ナカニシヤ出版，2016）など。

キャリア開発の産業・組織心理学ワークブック【第2版】

2016年10月20日　第2版第1刷発行
2021年 9月17日　第2版第4刷発行

定価はカヴァーに表示してあります

著　者　石橋里美
発行者　中西　良
発行所　株式会社ナカニシヤ出版
〒606-8161　京都市左京区一乗寺木ノ本町15番地
　　　　Telephone　075-723-0111
　　　　Facsimile　075-723-0095
Website　http://www.nakanishiya.co.jp/
E-mail　iihon-ippai@nakanishiya.co.jp
郵便振替　01030-0-13128

装幀＝白沢　正／印刷・製本＝ファインワークス
Printed in Japan.
Copyright © 2012, 2016 by S. Ishibashi
ISBN978-4-7795-1055-7

◎本書のコピー，スキャン，デジタル化等の無断複製は著作権法上での例外を除き禁じられています。本書を代行業者等の第三者に依頼してスキャンやデジタル化することはたとえ個人や家庭内の利用であっても著作権法上認められておりません。